宇宙奥秘解码

亿年前的文明信息
史前文明新探

韩德复　编著

中国出版集团
现代出版社

前言
reface

神舟九号圆满完成载人空间交会对接，嫦娥三号即将实现月球表面探测，萤火号启动我国火星探测计划……我们乘坐宇宙飞船遨游太空的时候就要到了！你准备好了吗？

21世纪的曙光刚刚揭开天幕，一场太空探索热潮在全球掀起。一个个云遮雾绕的宇宙未解之谜披着神秘的面纱，激起我们遥望宇宙这个布满星座黑洞的魔幻大迷宫，探求走向太空熠熠闪烁的道路。

太空将是我们人类世界争夺的最后一块"大陆"。走向太空，开发宇宙，是我们未来科学发展的主要方向，也是我们未来涉足远行的主要道路。因此，感知宇宙，了解太空，是我们走向太空的第一步。

宇宙展示包括地球及其他一切天体周围的无限空间，太空则展示地球大气层外层空间，直至宇宙的各个领域。发现天机，破解谜团，这是时代发展的需要，也是提升我们素质的良机。

我们在向太空发展的同时，也在不断挖掘地球的潜力，不断向大海、地底等处深入发展。我国载人深潜器"蛟龙"号再创载人深潜纪录，海底发现可满足人类千年能源需求的可燃冰，等等，这都说明我们探索地球的巨大收获。

从太空到地球，宇宙的奥秘是无穷的，人类的探索是无限的。我们只有不断拓展更加广阔的生存空间，破解更多的奥秘谜团，看清茫茫宇宙，才能使之造福于我们人类，促进现代文明。

为了激励广大读者认识和探索整个宇宙的科学奥秘，普及科学知识，我们根据中外最新研究成果，特别编辑了本书，主要包括宇宙、太空、星球、飞碟、外星人、地球、地理、海洋、名胜、史前文明等存在的奥秘现象、未解之谜和科学探索新发现诸多内容，具有很强的系统性、科学性、前沿性和新奇性。

本套系列丛书知识面广、内容精炼、图文并茂，装帧精美，非常适合广大读者阅读和收藏。广大读者在兴味盎然地领略宇宙奥秘现象的同时，能够加深思考，启迪智慧，开阔视野，增加知识，能够正确了解和认识宇宙，激发求知欲望和探索精神，激起热爱科学和追求科学的热情，掌握开启宇宙的金钥匙，使我们真正成为宇宙的主人，不断推进人类向前发展。

目录

C ontents

史前文明研究

史前文明破译

史前文明发现

　　研究发现，世界各地大量发现的动物化石、人造工具和建筑物遗迹，时间最早的都在几千万年甚至上亿年以上，而且系高度文明的产物。这些发现使人们不得不把目光投向遥远的史前文明。

史前人类化石的发现

六千五百万年前的化石

在美国得克萨斯州的瑞拉克西河河床中发现有生活在6500万年前的恐龙的脚印；考古学家们吃惊地在恐龙脚印化石旁0.45米的地方，同时发现有12块人的脚印化石，甚至有一个人的脚印迭盖在一个三指恐龙脚印上。

把化石从中间切开，发现脚印下的截面有压缩的痕迹。这是仿制品无法做到的，显然不是假冒的。

另外在附近同一岩层还发现人的手指化石和一把人造铁锤，有一截手柄还紧紧留在铁锤的头上。这个铁锤的内部含有96.6%铁、0.74%硫和2.6%氯。这是一种非常奇异的合金。

现在都不可能造出这种氯和铁化合的金属来。一截残留的手柄已经变成煤。要想在短时间内变成煤，整个地层要有相当的压力，还要产生一定的热量才行。如果锤子是掉在石缝中的，由于压力和温度不够，就不存在使手柄煤化的过程。

这说明岩层在变硬、固化时，锤子就在那儿了。发现人造工具的岩层和恐龙足迹所在岩层是一致的，而其他岩层都没有恐龙足印和人造工具。这说明人类和恐龙的确曾生活在同一时代。

发现不同年代化石

1913年，德国科学家在坦桑尼亚峡谷发现一具完整的现代人类骨骼，它处在约100万年前的地层中。

西班牙古生物学家在该国北部布尔戈斯省阿塔普埃卡山区，发现了30万年前的史前人类骨盆化石、股骨以及一些石制工具。

1965年，考古学家在肯尼亚发现一件经鉴定为400万年前的人类上臂肱骨化石。美国加州大学的教授称，此肱骨和现代人的肱骨几乎没有任何差别。

1972年，在肯尼亚的一个湖中发现的大腿骨化石几乎和现代人类形态十分相似，其年代是在200万年前。

1976年，考古学家在非洲坦桑尼亚北部、东非大裂谷东线，一个叫利特里的地方发现了一组和现代人特征十分类似的脚印。

这些脚印印在火山灰沉积岩上。据放射性测定，那火山灰沉积岩有340万年至380万年的历史。脚印共两串，平行紧挨着分布，延伸了约27米。从这些足迹可以明显地看出，其软组织解剖特征明显不同于猿类。重力从脚后跟传导，通过脚的足弓外侧、拇指，最后传导到大脚拇指，大脚拇指是向前伸直的，而猩猩及南方古猿直立行走时，重力从脚后跟传导，但通过脚的外侧传导至脚中指，并且大脚拇指向侧面伸出。

发现史前小巨人

2010年9月7日，中科院地球环境研究所研究人员发现一具身高为1.93米的人类骨骼遗存。这是在目前发现的史前人类化石中个体最完整也是身高最高的。这具史前个子最高的人类化石，是由中科院地球环境研究所祝一志研究员、陕西省考古研究所杨亚长教授共同在陕西省商南县过风楼遗址发现的。

形态学研究表明，该人骨为男性，年龄约16岁至18岁，体质特征与现代南亚蒙古人种最为接近。研究人员对这一人类骨骼进行了详细的研究，结果显示该古人类生活在4200年前龙山文化时期，与周边出土陶器的时代可以进行良好对比。这具龙山文化晚期的"小巨人"遗骸的发现，无疑为我国史前人类的"体质人类学研究"提供了宝贵的材料。

宜兴首次发现史前骨化石

2010年，在江苏省宜兴竹海深处，一个巨大的地下溶洞得到发掘。截至12月19日，溶洞平行发掘延伸长度超过200米，并出现与主洞相连的5个侧向旁支洞穴。在溶洞清淤和掘进过程中，首次发现史前骨化石，以及史前人类生命活动痕迹。江苏省有关地质专家初步认为洞顶岩石的形成起码已有3亿年，从溶洞平整度和延伸长度分析，国内地下溶洞罕见其例。

施工人员在距洞口约150米处的一个支洞洞口处，发现了20多块骨化石，它们看上去像头盖骨、牙齿、四肢骨等。这些骨化石，外表大多呈白色。四肢骨看上去特别粗壮，牙齿表面洁白光滑，每粒牙齿宽约4.5厘米，高约2厘米。

景区管理处方面请无锡市考古研究所专家到实地进行了考证。考古人员初步判断它们至少是1000万年以前的动物或人类化石。如果古洞里发现的骨化石属于大型远古动物，说明当时的溶洞空间很大。

因为几万年前的旧石器时代，人类使用的是石器，很难在野外把猎获的大型动物分割，有些动物是活着被弄进古洞的。这一切都属于推测。这些远古骨化石的来源是否有其他原因，要等到进一步发掘后才能定论。

我还想知道

1998年5月，在澳大利亚新南威尔士州的芒古湖威兰卓湖附近发掘出2.6万年前的135件人类骨骼、壁炉等史前古器物。其中在芒古3号坑还出土了一具完整的3万年前的男子骨架化石。

三叶虫上的足迹是谁的

一个完整的脚印

1968年的一个夏天，一位美国的化石专家在位于犹他州附近，也是以三叶虫化石闻名的羚羊泉敲开了一片化石。这一敲不但松动了100多年以来现代人类所笃信的进化论，更替人类发展史研究敲开了另一扇门。

这位名叫威廉·米斯特的美国人在敲开这片化石之后，赫然发现一个完整的鞋印就踩在一只三叶虫上，这个鞋印长约0.26米，宽0.089米。从鞋印后跟部分下凹0.015米来看，这应该是一双和现代人类所穿的便鞋类似的鞋子，也就是说这只鞋子的主人生活在一个有一定文明的环境里。

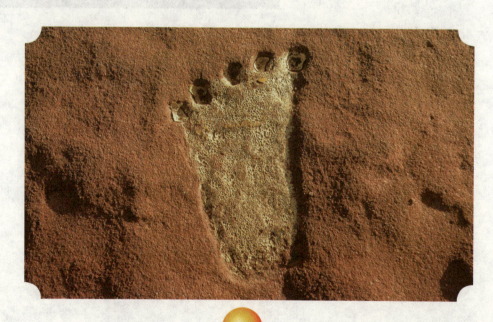

令人纳闷的是，三叶虫是一种生长于6亿年前至2亿多年前的生物，换句话说，在这久远的历史时期之前，是不是有着和我们一样的人类文明存在？

远古的纸卷筒遗迹

早在1822年的《美国科学杂志》卷五上，就清楚地描述了由法国探险家在圣路易南密西西比河沿岸所发现的一连串脚印，每一个脚印都清晰地显示人类脚掌底部的肌肉曲线。

就在同一地点还发现有一道很深的压痕，长0.6米，深0.3米，似乎是由卷轴或纸卷筒所形成的，而这两个遗迹都是存在于距今有3.45亿年前的密西西比纪石灰石上。

这样的考古发现告诉我们在上亿年前除了有人类存在的可能性之外，当时的人很可能也具有造纸技术等文明。

又一个更为有趣的发现

1927年，一位美国地质学家在美国内华达州的一个峡谷内，发现一块带鞋印的化石。

这个化石是由于鞋跟离开地面时所带起的泥土造成的。鞋印的保存出奇的好，并且这块化石的年代可以追溯至2.25亿年前的三叠纪石灰石。

不过当近期科学家以显微摄影重现这个遗迹时，才发现鞋跟的皮革由双线缝合而成，两线平行延伸，而这样的制鞋技术在1927年是没有的。

加州奥克兰考古博物馆荣誉馆长针对这个化石下了这样的结论："地球上今天的人类尚不能缝制那样的鞋。面对这样的证据，即在类人猿尚未开化的亿万年前，地球上已存在具有高度智慧的人……"

而我国一位著名的化石专家海涛在新疆的红山也发现了奇特的类似人类鞋印的化石，距今约2.7亿年。鞋印的印迹全长0.26米，前宽后窄，并有双重缝印。鞋印左侧较右侧清晰，印迹凹陷，内呈中间浅两端深，形态酷似人类左脚鞋印。

由于这个脚印与美国峡谷发现相似，被人称为新疆的"奥帕茨之谜"，意为不符合那一地层时代的出土物。这种奥帕茨现象预示着地球上生命、文明演化轮回可能性的存在。

恐龙化石脚印

恐龙足迹发现于1970年，地点在美国俄克拉荷马州的克里佐山谷，年代介于1.55亿年至1亿年之间。

其中一个鞋印前后距离长达0.508米，左右宽约0.23米，而在离这些鞋印不远处竟有几个恐龙脚印。

这样大的脚印也在其他地方被发现，如美国的弗吉尼亚州发现的长0.36米的脚印以及在堪萨斯州巴克斯塔矿区砂岩中发现的长约0.9米的巨型足迹。这些脚印的尺寸都远大于我们现代人的脚印，并且年代都在1亿年之前。

这几个脚印化石，一下子就把人类存在的可能性拉到了上亿年前，强力地撼动了进化论的框架。

更令科学界感到讶异的是一些有上亿年历史的科技产物的出土，这些遗迹向我们透露了当时人们丰富的生活经验。

到底是谁的脚印

1968年7月，地质学名家伯狄克博士前往羚羊泉考察，发现了一个小孩的脚印。1968年8月又在含有三叶虫化石的同一块岩石中发现了两个穿鞋子的人类足迹。

人类的这些发现是对传统地质学的严重挑战。犹他州大学地球科学博物科学家说，那时候地球上没有人类，也没有可以造成近似人类脚印的猴子、熊或大懒兽，那么，在连脊椎动物也未演化出来之前，有什么似人的动物会在这个星球上行走呢？我们期待谜底的揭晓。

墨西哥史前人类脚印争议

2005年7月，英国利物浦约翰·摩斯大学的地质考古学家西尔维亚·冈扎利兹和同事宣布，在墨西哥中部火山岩中发现的

269个化石脚印，是4万年前的原始人和动物所留下来的。

这些原始人脚印是在墨西哥城东南部塞罗·托路奎拉火山附近的一个废弃采石场底部发现的。以冈扎利兹为首的英国专家小组花了近两年时间来测定这些脚印的年代。英国科学家的说法在科学界引发了剧烈的争议。根据传统的理论，原始人类是在大约1.1万年前经过白令陆桥抵达美洲大陆的，英国科学家的发现证明，事实上原始人抵达美洲的时间比以前想象的还要早至少3万年。

然而日前，美国伯克利市加利福尼亚大学地质考古学家保罗·里尼在《自然》杂志发表文章宣称，他通过最新的方法，对发现原始人脚印的火山石进行了9次分析，结果证明这些所谓的脚印事实上具有130万年的历史。

里尼对9个火山岩石样本进行定年测试，发现它们的年代从

126万年至147万年不等，这就意味着那些"脚印"也应该具有130万年左右的历史，它比非洲出现最早人类祖先的年代还要早上100万年左右。

里尼和同事们认为，在非洲人出现的100万年前，美洲大陆上就有人类的足迹，这种可能性是非常渺茫的，因此里尼断定，墨西哥火山岩化石上的脚印状印痕，并非是人类所留。

里尼的研究在科学界引发了强烈的怀疑。伦敦自然历史博物馆人类起源部负责人克里斯·斯特里格说：

"一些专家开始怀疑，这些脚印到底是否真是人类留下的。这一问题目前存在着激烈的争议。"

三叶虫是一种细小的海洋无脊椎动物。它们出现在6亿年前的地球上，在2.6亿年前灭绝。按照进化论思维，那时根本没有人类，并且人类穿上鞋子的历史最多只有三四千年。

我还想知道

藏在琥珀中的动物

最古老的立体毛发标本

琥珀是数千万年前的树脂被埋藏于地下，经过一定的化学变化后形成的一种树脂化石，是一种有机的似矿物。琥珀的形状多种多样，表面常保留着当初树脂流动时产生的纹路，内部经常可见气泡及古老昆虫或植物碎屑。

古生物学家在一个有1亿年历史的琥珀中发现了哺乳动物的毛发。由于琥珀中这些毛发被完整地保存下来，在显微镜下，毛发内部结构清晰可见。尽管此前曾发现过更古老的平面古生物毛发化石，但是，这一发现是已知的最古老的立体毛发标本。

这一琥珀是在法国南部夏朗德省发现的。科学家在琥珀中还发现了苍蝇的蛹。保存在琥珀中的哺乳动物毛发同今天的哺乳动物毛发非常相似。

这表明，哺乳动物的毛发结构和形状在很长的时间段内并未发生过改变。

一位科学家说："我们发现的最早的平面毛发印记是在侏罗纪中期。"是他发现了这些保存在琥珀中的哺乳动物毛发。侏罗纪从2亿年前至1.45亿年前，随后是白垩纪，白垩纪一直持续至6500万年前。

这位科学家说："我们的标本是已知最古老的哺乳动物毛发标本，我们可以通过它来研究古生物毛发的表皮结构。"科研人员将这一发现发表在一本杂志上。

科研人员研究发现，其中一个毛发片段0.0024米长、0.000032米至0.000048米粗，而另一个毛发片段长0.0006米、粗0.000049米至0.000078米。

通过对这些毛发的仔细分析，科学家发现它们的表皮结构同今天的哺乳动物毛发的表皮结构非常相似。

科学家认为，拥有这种毛发的哺乳动物应该只有老鼠大小，因为在一亿年前的白垩纪中期，哺乳动物形体都很小，其种类并不十分多样化。不过这种动物的身份无法确定。它可能是一种普通哺乳动物或有袋类哺乳动物。后者的胚胎会在保育袋内发育，比如今天的袋鼠就是此类动物。

在发现琥珀的地层上部发现了一种史前有袋类动物的4颗牙齿，科学家说："一种假设是这些毛发属于这种有袋类动物或者和它相近的物种。"

这些毛发是如何被保存在琥珀中的？科研人员提出了三种可能性。这一琥珀包裹住一只史前哺乳动物尸体的一部分。琥珀中还有苍蝇蛹能够支持这一观点，或许是苍蝇在这只动物死尸上产下了卵；或者是，一种树生动物物种被树脂沾下毛发，并保存起来；还有可能是，这种史前哺乳动物来吃昆虫，结果毛发被粘在树脂上，并封存至今。

科学家说，发现琥珀的地方一亿年前的气候是亚热带气候，当时到处是针叶树林，树脂经常会从树上流淌下来，包裹住一些动植物，经过岁月的洗礼最终变成琥珀。

一亿年前琥珀现奇特苍蝇

在缅甸胡康河谷的一座矿山中发现一块大约9700万年至1.1亿年前的琥珀，其中包裹着一只长相奇特的远古苍蝇。它的头上长有1个角并且生有5只眼睛，很容易发现捕食者的踪影。其中有一对巨大的复眼，与今天的很多昆虫类似。

研究人员表示，当时胶黏的树液滴落到这只苍蝇身上，使其生动逼真的细节特征得以保存而后逐渐硬化。

这种新发现的物种能够让科学家更好地了解古代生态系统以及动物居民的细节。

这种苍蝇被称为独角蝇，其他一些怪异特征包括S形节状触角、异乎寻常的长腿以及退化的颚。长腿可帮助它们在花朵上爬行，退化的颚则导致它们只能啃咬非常小的食物颗粒。在独角蝇腿上发现的花粉粒说明，这种昆虫主要以花朵为食物。

    在恐龙仍旧生存的时代，独角蝇的这种怪异可能有其合理的一面。研究人员说："那是一个白垩纪初期即将结束的时代，当时大量进化适应正在上演。角和多只眼睛一定让这种昆虫在非常微小的花朵上获得一种优势，但随着体积更大的花出现，这种优势不复存在，它们也因此走向灭绝。独角蝇是白垩纪时期的古怪动物之一，它们显然在进化道路上走进了死胡同。"

亿年前的文明信息　史前文明新探

最古老的蜘蛛丝

　　2003年，科学家在黎巴嫩发现的一块大约有1.3亿年历史的琥珀中，发现了世界上已知保存得最古老的蜘蛛丝。这块琥珀化石揭示了蜘蛛至少在距今4.1亿年前就已经具有了能够结网的腺体，而在此之前知道的最古老的蜘蛛丝仅仅有4000万年的历史。然而科学家尚无法断定地球上第一张复杂的蜘蛛网是在何时诞生的。

　　发现的这块琥珀中保存的单股4毫米的蜘蛛丝，看起来与现代球网蜘蛛和梳脚蜘蛛结出的复杂轻盈的蜘蛛丝非常相似。这两种蜘蛛的化石可以追溯至1.9亿年前，所以这种复杂的编织技术至少也应在地球上存在了相同的时间。

四千万年前盲蜘蛛

英国肯特郡，业余动物化石收集爱好者、37岁的科林伍德在一块琥珀中意外发现了一只非常罕见的史前盲蜘蛛，距今至少已有4000万年历史。他是在一块两英镑硬币大小的琥珀中看到这只蜘蛛的，并马上意识到这个发现不同寻常。随后他就通知了英国自然历史博物馆。

博物馆化石专家安德鲁·罗斯说，这个发现非常惊人。英国自然历史博物馆保存着5000多个琥珀，其中很多都有昆虫包裹在里面。科林伍德把这块琥珀捐赠给了该博物馆，他们可能会对其具体年代进行精确鉴定。

对了解人类从未见过的远古世界至关重要的一个原因，是大部分化石都是2D结构，而琥珀是3D结构，即使是动物最细小的刚毛也能清楚看到。

发现的最罕见的一个琥珀，里面是一整枝花。琥珀及其内含物不仅漂亮，并且它们对研究过去的生命至关重要，是通向过去的一扇窗户。琥珀为科学家和公众提供了一些线索，令他们能够更好地了解人类出现的早期世界，及其之前的世界。

丹麦是世界上第一个发现琥珀的国家。发现的最古老的琥珀已有3亿年历史，它形成于上石炭纪时期。而拥有昆虫内含物的最古老的琥珀来自早白垩世时期，即大约1.5亿年前。

一亿多年前的蜘蛛化石

罗纪大蜘蛛

美国古生物学家在我国内蒙古境内发现了迄今最大型的史前蜘蛛化石。据古生物学家介绍，这一史前蜘蛛化石保存极为完好，蜘蛛大约生活于1.65亿年前的侏罗纪时代，当时正是恐龙主宰地球的年代。目前，专家已经识别出这只蜘蛛的确切属类，甚至还可以辨别出这是一只成年雌性蜘蛛。

研究人员已经将这种大金蛛命名为"侏罗纪蜘蛛"。蜘蛛的化石是迄今发现的最大型史前蜘蛛化石。这只蜘蛛与现代的蜘蛛后裔体形大小相当，身体长0.025米，宽约0．0125米。它生活于我国北方的森林中，当时当地的气候比现在要温暖得多。

跨越年代最长的蜘蛛

大金蛛是一种巨型蜘蛛，目前还生活于地球上。这一发现意味着，大金蛛应该是人类已知跨越最长年代的蜘蛛种类。美国教授介绍说，雌性大金蛛是如今存在于地球上的最大型织网蜘蛛，身长可达至0.05米，腿部跨度可达0.015

米。雄性的体型则相对较小。这种热带或亚热带地区的居民，它们中的雌性可以织出与众不同的蛛网，蛛网宽度可达1.5米，蛛丝呈金黄色，在阳光下像黄金一样闪闪发光。

美国教授发表了最新发现成果报告。报告称，"这种已知最大型蜘蛛化石是形成于侏罗纪中期的中国境内，这是一只雌性蜘蛛。"古生物学家通过对这只蜘蛛进行微观检验发现，蜘蛛腿部末端像刷子一样的长毛都清晰可见，这些都是大金蛛的显著特征。

蜘蛛化石形成始末

这一蜘蛛化石挖掘于我国内蒙古自治区内一个叫道虎沟的地区，那里有许多史前动物的化石，如火蜥蜴、小型原始哺乳动物、昆虫和水生甲壳类动物等。

在侏罗纪时期，这个化石层位于一个火山区的湖泊中。这一时期的蜘蛛化石非常罕见，因为蜘蛛类节肢动物脆弱的身体在地质变迁过程中极易被损坏。这只史前蜘蛛化石的形成过程极有可能是这样的：在一次火山喷发过程中，蜘蛛的身体瞬间被火山灰掩埋。因此，它才不会腐烂，从而保存完好至今。

美国教授认为，这一发现表明，大金蛛肯定拥有一个异常古老的血统。大金蛛可以织出一种异常结实的高蛋白蛛网，因为它们就是依靠这种蛛网来捕食蛾类或昆虫的。

四亿年前海蜘蛛化石

2004年，英国研究人员在英联邦赫里福郡附近进行考古研究时，在地质年代为志留纪的火山灰岩层中，意外发现距今已有4.25亿年的海蜘蛛化石遗迹。

海蜘蛛是一种软体节肢动物，到目前为止在世界各地海域中仍有广泛分布。海蜘蛛在生物界里形态非常奇特，它有一个长长的鼻子和一个额外用来交配、孵卵的分支翼结构。由于这种生物肢体构造结构特殊，在近两个世纪以来，科学界对海蜘蛛与陆地蜘蛛、蝎子等昆虫之间是否有直接生物进化关联，一直争论不休。从以往发现的化石记录来看，这些物种的生理构造精细、自然肢体结构脆弱，很难看出它们之间的进化关联信息。

美国耶鲁大学生态学院的地质学及地球物理学教授德里克·布里基斯称："此次找到的化石应该是迄今为止所发现年代

最早的远古成年海蜘蛛化石样本，其中还完整保存着大量的极具科研价值的信息。在4亿年前的一次火山爆发过程中，火山灰烬将当地的海洋生物包裹了起来，大量的远古生物就像被迅速装进混凝土浇铸的模型中一样。由于火山灰中的空穴部分后来被碳酸盐物质填充密封，这才使得其中的生物被完好保存至今。"

据科学家介绍，在研究过程中他们对化石进行了一系列详细的拍照工作，每磨掉几微米的化石结构，研究人员就会为化石拍摄高精密数字照片。而后，再利用计算机图像处理软件进行重构再现处理。重构处理得出的完整图像显示，这些在远古时期生活的海蜘蛛，确实与现代的蜘蛛、蝎子甚至是虱子等陆地生物之间存在紧密的进化关联性。

研究认为，此次发现的远古海蜘蛛化石，实际上是向人们展示了一个曾经延续了3500万年的全新物种。其身体前端所拥有的巨大螯状钳子，充分显示了海蜘蛛、陆生蜘蛛、蝎子等节肢动物之间属同一祖先的事实。

尽管这次发现的海蜘蛛是一个生活在远古的全新物种，但是通过研究科学家们估计，这种海蜘蛛曾经习惯于在海底海床或海底海绵体之上栖息和活动，其与现代海蜘蛛生存方式非常类似。

蚯蜥是随时间流逝失去了腿，还是与蛇亲缘关系更近的爬行动物？在德国梅塞尔精致的化石沉积层中发现的一具大约4500万年前的蚯蜥化石，让这一未解之谜有了答案，蚯蜥科动物确实是蜥蜴。

我还想知道

石头里的青蛙之谜

惊人的"煤中之蛙"

1733年5月，建筑师约翰·格罗贝里去瑞典万林格博的采石场视察时，两名工人告诉他一个令人吃惊的消息：在开采位于地下3米多深的大块砂岩时，其中一个工人发现在刚刚砸开的一块大石头中有一只大青蛙。

格罗贝里跟着他们下到了采石场，眼前的景象令他大为震惊。最靠近青蛙身体的岩石有一部分非常疏松并且是多孔的，已被敲击的力量震破，印在上面的青蛙的身体轮廓也被毁坏了。

那只青蛙处于昏睡状态，嘴巴上有一层黄色的薄膜。建筑师对神秘青蛙研究了一段时间后，因不耐烦而中断了研究，而那个采石工用铁铲把青蛙打死了。

下午，格罗贝里把这只青蛙的尸体带给斯德哥尔摩的一些学者研究。后来这一发现被登在了《学会会刊》上，并且还发了洞中青蛙版画，画中呈现了发现青蛙的采石场景象。

后来，格罗贝里先生关于青蛙的文章被翻译成德语、荷兰语、法语和拉丁语，引起了欧洲学者们对掩埋着的青蛙的极大兴趣。事实上，在这之前就有这方面的发现。

书中记载的案例

罗伯特·波尔蒂教授是牛津大学阿什莫尔博物馆的第一个负责人，他在《斯坦福自然史》一文中阐述了"洞中蟾蜍"的案例，这种现象在不列颠群岛已被广泛知晓。

其中一个是关于路中间给路人歇脚的大型石灰岩，人们一直对从石头里发出的叫声感到疑惑，最后决定把它破开。波尔蒂教授说："在敲开的石头中发现了一只和人的拳头一般大小的蟾蜍。它像是被困多年现在才被释放在大空间里一样，行动起来富有生机。"

另外，书中记载了另一个更令人震惊的信息：教堂塔顶的一块石头掉下来砸破后，一只活生生的蟾蜍跳了出来，但这只蟾蜍在呼吸到空气后就死了。

很多类似的事件

1862年秋天，万国博览会在伦敦克伦威尔路开幕。一个展区陈列着来自英格兰和威尔士矿区的地矿标本，其中有一块从昆提勒瑞煤矿开采来的大煤块。

当这个大煤块被人们劈成两半时，人们惊奇地发现里面有一只活青蛙。参观者们都丢下那些地质标本，来看这只来自威尔士的"煤中之蛙"。

1865年，《科学美国人》杂志上的一篇文章描述了一位名叫摩西·盖恩斯的银矿工人从一块直径为0.6米的石头中发现一只蟾蜍的经过。文章写道："那只蟾蜍体长0.07米，长得很胖，它的眼睛约有一枚美分银币那么大，比我们日常所见的体型相仿的蟾蜍的眼睛要大很多。人们试着用小棍儿碰它，想让它蹦一下，可它却完全不予理睬。"

1876年，南非的《埃腾哈赫时报》报道了一些伐木工人的经历：他们在把一棵树锯成木板时，在树干的深处发现了一个洞，里面有68只小蟾蜍，每只的个头和葡萄粒差不多。它们呈淡棕色，接近黄色，非常健康，若无其事地四处蹦来蹦去，包围着它们的则是结实的黄色木头。

为何会出现生命奇迹

1770年9月，法国勒兰希市堡垒的石墙里也发现了一只活蟾蜍，引起了人们对掩埋的蟾蜍之谜的更大兴趣。法国科学院雷诺先生把石洞里的蟾蜍描述成是自然史上最令人迷惑的谜团之一，并敦促他的院士全力解决这个使自然学家困惑的谜团。于是很多关于洞中蟾蜍的实验开始了。

他们把一只蟾蜍放在一个用石膏或砂浆密封的花盆中，然后埋在花园里，过一段时间之后，把花盆挖出来放出蟾蜍，看看动物是否还活着。

动物学家的实验表明即使蟾蜍在密封的花盆里待了20年，在打开花盆时它仍然可以充满活力地跳出来。实验得出的结论是在没有食物和水的小洞里，蟾蜍能够长生不死。但是它们为何能生存下来还是个待解之谜。

发现这些动物的人几乎一致表示，没有任何小洞或缝隙能够让它们进入这些物件内部的囊穴。

并且，洞穴的大小总是刚好能够容纳身处其中的动物，有些洞穴壁上甚至还留有该动物的印痕，就像这些物件是浇铸在它们身上的一样。

人们对这种不可思议的现象难以解释。它们靠什么存活？在石穴里如何活动？地质学家说石块在数千年前就已经形成，那它们该有多少岁了？许多类似这样的问题仍有待解答。

在欧洲、美国、加拿大、非洲、新西兰和西印度群岛，这种从石头、煤块或大树的树干中发现动物的实例已有200多个。最著名的是保存在布来顿自然历史博物馆内的石洞里的蟾蜍标本。

我还想知道

出土的巨人和矮人骨骼

有关出土巨人的记载

1983年春，在德国的威斯特巴伐利亚州泽斯特市附近的大片墓地里，发现了大约2000具骸骼，平均身高为2.3米，还发现了一位军事统帅的墓葬，他的身高竟达3米。

1978年，在比利时的佛兰德发现了两具3万年前的人体骸骼，一具为女性，身高2.38米；另一具是男性，身高2.5米。还有陈列在开罗国家博物馆的拉姆西斯法老二世的木乃伊，身长近3米。而1970年在中非发现的一片已有2万年历史的古墓地里，有70具身高达2.85米的男性骸骼。美洲大陆也不乏这种令人惊异的发现，尽管大家都知道，原属蒙古种族的美洲印第安人平均身高只有1.6米。

1895年，一些矿工在美国加利福尼亚发现了一具远古的男干尸，身高达2.4米。1898年，美国哈佛大学的古生物学家在同一地区发现了一具身高2.5米的女性骸骼。1876年和1912年，在北卡罗来纳和威斯康星两地先后发现了数十具身高达2.6米的骸骼。

1930年，在墨西哥北部还发现了一个远古墓地，那里有数百个墓葬，死者平均身高2.6米。

1982年，一个考古学家小组在苏联境内发现了一具3000年前的女性骸骼。这具骸骼如今陈列在圣彼得堡的一家博物馆里，其身高竟达2.7米。这样高大的人，并且如此之多，地球上的人是很难达到的。

发现身材矮小的人

在世界的其他一些地方，同时又发现了一些身材非常矮小的人。1976年10月，墨西哥《至上月刊》杂志报道了罗密欧·瓦伦西在墨西哥首都附近的采石场发现了一具类人科动物骸骼。

这具前所未见的奇特骸骼身材比较矮小，脊柱上没有肋骨，肩胛骨平整，背部十分突出，还有一些似乎是上臂的骨节。所有的骨头中心都有小孔，里面原先可能有血管和神经系统。颅腔为圆形，但没有眼眶，与狗的颅骨相似，只有一种骨管。墨西哥城人类学博物馆馆长拒绝透露详情，也不愿意下最后的断言。但法国和美国的专家们都认为它不是地球上的生物，这大概又是某外星人种。

巨人岛之谜

在太平洋的一个遥远群岛中，有一个神秘的岛屿名叫马提尼克岛，岛上有着非常奇怪的现象，不仅当地居民们一个个身材高大，就是到岛上定居的外地人，哪怕是成年人，也会毫无例外地长高几厘米。

有一位记者游览了该岛后这样描述：来到这里，好像进入了童话世界，男人们高两米多，10多岁的男孩都比岛外的普通成年人高。我在他们眼里，好像是从小人国来的。人们都围着我用惊奇的眼光向下看，好像我是立在地上的一个小人。

为什么岛上会有这种奇怪的现象？一些科学家认为，是由于这个海岛的地下埋藏着大量的放射性矿物。这种放射性物质能使人体内部机能发生某种特别的变化，从而使人身体增高。

　　一些科学家又发表了新的观点。他们认为，这里地心引力小是使人长高的原因。因为，苏联两名宇航员在"礼炮2号"联盟号轨道复合体居留半年之后，每人身高都增加了3厘米。这是失重和引力小的结果。

　　遗憾的是这两种理论都没有足够的证据让人折服。这个难解的自然之谜似乎是摆在人类面前的一个难题，等待着我们去解答。如果放射性物质作用于人体会使人长高，为什么长年生活和工作在放射性物质旁边的人不见长高？如果引力小能使人长高，为什么地球上引力小的地方却没有形成第二个巨人国？

我还想知道

　　马提尼克岛，位于安的列斯群岛中的向风群岛的最北部。它是向风群岛中最大的、多火山的和风景如画的岛屿。它的原名叫"马地尼那"，含义是"花的岛"。

亿
年
前
的
文
明
信
息

史
前
文
明
新
探

史前文明的彩陶纹饰

画在陶器上的纹饰

追溯绘画的渊源，首先会想到史前时期那些画在陶器上的纹饰。正是由于器表绘有精美的纹饰，考古学家把这些陶器叫作彩陶。这些彩陶制作的年代在大约距今3000年至5000年间。它们主要分布在黄河流域，最集中的地区是青海、甘肃、陕西南部和河南北部。

图案类的纹饰数量很大，种类也非常多。常见的有水波纹、旋转纹、圈纹、锯齿纹、网纹等10多种。线条画得规整流畅，图案的组织讲究对称、均衡、变化，疏密得体，并有一定的程式和规则。在甘肃省马家窑一带发现的被称之为马家窑类型的彩陶上，大都描绘水波纹、旋转纹图案。这些图案匀称、流畅，十分精彩，看上去有行云流水之感，使人觉得轻松活泼，平和而亲切。

30

图案反映的生活

面对这些5000年前的历史遗存，我们很容易想象到历史中讲述的原始氏族社会的情景：男人耕作、狩猎、捕鱼，女人从事家务或采集。没有剥削，没有奴役，一幅平等和谐的社会景象。稍晚于此的半山类型和马场类型彩陶的纹饰则发生了变化，那些锯齿纹、四大圈纹以及蛙纹等显得大起大落，粗犷，甚至怪诞神秘。当时原始社会行将解体，社会发生变革、战乱、动荡等不安的情绪也在图案中流露出来。由彩陶纹图案所引发的联想并不是浪漫主义的主观臆想，在历代图案和图画中，都或隐或显地折射出当时社会风貌的基调和时代的主要精神。这一点，在以后不同时代的美术中我们还会看到。

那些彩陶纹饰更令人瞩目。在西安半坡村遗址发掘出的彩陶上的动物纹虽然非常简练，但表现得很生动：自由自在游动的鱼、奔跑的鹿、站立吠叫的狗，好像受到惊吓。从中显示了远古艺术家捕捉动物瞬间特点的才能。在青海省大通县上孙家寨的一个陶盆上，画着5个跳舞的人，手牵手连成一排，既是一幅描绘舞蹈的图画，又是一个精美纹样的图案。

半坡时期的彩陶

半坡的原始艺术家已经开始把具体的物象变形成装饰性的图案，并在其中注入某种观念。他们把一条鱼的侧面分割为鱼头、鱼身、鱼鳍几部分，用直线、弧线、三角形和圆圈等来表现，这是一种很了不起的创造。

半坡的彩陶盆上还有一种人面鱼纹图形，把人面和鱼形纹样结合在一起，并且组织成很有规则的图案，旁边有一条鱼在游动。这幅构图严谨又略带神秘感的图形，颇使考古学家费解。

他们猜测，这不仅仅是美化器物而已，很可能与庆贺春天到来、祈祷丰收的祭祀活动有关。如果真是这样，那么，这就是艺术史上最早带有原始宗教意义的艺术作品了。

马家窑文化的彩陶

马家窑文化的彩陶制作工艺很成熟，彩陶数量繁多，占各类陶器总和的1/4。在陪葬陶器中，彩陶多达80%。

马家窑的彩陶多为红陶，分有泥质红陶和夹砂红陶。彩绘幅面很大，许多泥质细陶往往口沿、外壁都绘有花纹，还盛行内彩，纹饰绘于器物内壁。甚至一些作为炊器的夹砂陶也有彩绘，极为少见。花纹繁缛瑰丽，富于变化而有规律。大多数的夹砂陶表面饰以绳纹，少数饰数道平行线、折线、三角或交错的附加堆纹。马家窑文化的陶器在造型上具有自己的显著特点，器形有碗、钵、盆、罐、壶、瓶、杯等。

马家窑文化彩陶上承仰韶文化庙底沟类型，下接齐家文化。按时间先后可以分为石岭下、马家窑、半山、马厂四个类型。

这四种类型的彩陶各具特色。石岭下类型的彩陶多瓶、罐、壶等，流行变形鸟纹、圆圈纹等；马家窑类型多瓶、罐、盆、瓮等器形，流行漩涡纹、弧边三角纹，代表作有青海省大通山孙家寨出土的舞蹈纹彩陶盆等；半山类型的彩陶多小口直颈广肩鼓腹双耳壶等，流行红黑相间的锯齿纹、漩涡纹；马厂类型器形与半山基本相同，流行变体人形等纹样。

我还想知道

马家窑文化的图案构思之灵妙，是史前任何一种远古文化所不可比拟的。它神奇的动物图纹，恢弘的歌舞，对比的几何形状，强烈的动感姿态，达到了彩陶艺术的高峰。

史前文明疑问

　　林林总总的出土和发现，使人们疑窦重生；史前文明真的存在吗？它们是如何创造，又是怎么消失的呢？史前文明真的达到了非常高的程度吗？

史前文明毁于大洪水吗

圣经中的记载

有关史前大洪水的过程，《圣经》中有所描述。虽然《圣经》是一本宗教书籍，但很多学者认为，《圣经》描述的是真实的人类历史。

以下为《圣经》中关于大洪水的描写："洪水泛滥地上40昼夜，水往上涨，把方舟从地上漂起"；"水势在地上极其浩大，山岭都淹了"；"5个月后，方舟停在拉腊山上；又过4个月后，诺亚离开了方舟。"

史前洪水同时伴随着大陆的变迁，完全摧毁了当时整个地球的人类文明，只有极少数人活了下来。近来考古学家发现的许多史前遗迹，如亚特兰第斯大陆等均可能因那次洪水而消失。

英国的民族学家弗雷泽曾指出：在北美洲，中美洲，南美洲的130多个印第安种族中，没有一个种族没有以大洪水为主题的神话。事实上，记录大洪水的并不限于美洲的印第安人，在世界各大陆上生活的民族中几乎都有关于大洪水的记载。

考古学家的发现

大约1.2万年前，上一期人类文明曾遭受一次特大洪水的袭击，那次洪水也导致大陆的下沉。考古学家陆续发现了许多那次大洪水的直接和间接证据。

人类文化研究者通过研究世界各地不同民族关于本民族文明

起源的传说发现，世界各地不同民族的古老传说都普遍述及人类曾经历过多次毁灭性大灾难，并且如此一致地记述了在我们本次人类文明出现之前的某一远古时期，地球上曾发生过一次造成全人类文明毁灭的大洪水，而只有极少数人得以存活下来。

远古的大洪水是怎么回事

《旧约·创世纪》载有古犹太人的传说：上帝看到人类已败坏，便以洪水灭世。水势极为浩大，淹没了所有的高山。只有诺亚奉上帝之命建了一艘方舟，载着他一家老小及各种留种的动物逃脱了灭顶之灾。这是在西欧家喻户晓的传说故事。

1872年，年轻的亚述学者乔治·史密斯提出诺亚洪水与古代两河流域世界大洪水同出一辙。此说被日后发现的《吉尔伽美什史诗》第十一版所证实。从而引发了关于远古世界大洪水及其传说的一场旷日持久的争论。

目前，争论的焦点主要集中在两个最基本的问题上：一是远古初民时代究竟有没有一场世界大洪水？二是世界上普通流行的大洪水传说是怎样起源的？

比较有影响的三种说法

克莱默等学者认为，世界性的大洪水纯系子虚乌有，各地的洪水传说大多起源于两河流域的苏美尔人。他们的依据是考古发现。本世纪初发现了载有最早洪水传说的苏美尔版；尔后在苏美尔古城乌尔的发掘中，又在地下发现了11米厚的沙层。

据考是公元前4500年前后两河流域的一次特大洪水堆积出来的，洪水还淹没了一个叫乌博地安的史前民族。故克莱默等人深信，苏美尔的洪水故事是这一次大灾难留下的记忆，经民间传说夸大为世界大洪水。这一故事通过在古巴比伦人、犹太人等许多民族中的流传而逐步演化为世界性文化现象。

另一种意见截然相反。他们认为，地球第四纪冰期在1.2万年前开始退却时，气候转暖，冰河大量融化泛滥，海水不断上升，吞没了露出的大陆架和陆桥，并发生普遍的大海侵，淹没了许多海岸和部分陆地。故世界性的大洪水确实发生过，但并没达到淹没一切的程度。

当时靠海及靠水的人们损失巨大，被迫向高地迁徙，随之带去了可怕的洪水故事。因此世界上大多数地方都有关于世界大洪水的传说。许多淹没在海水之下的文明遗迹及大海侵的痕迹成为此说的有力论据。

以英国富勒为代表的一批学者提出：世界大洪水是不可能的。他们认为各种洪水故事的起源不尽相同，并不是共出一源。在古代世界的各个地方，火山地震引起的海啸、飓风掀起的海水猛涨、大雨或融雪造成的大泛滥，都有可能被深受其害的人们传说为世界大洪水。并且，不少故事纯粹是神话，是主观想象的结果，因而是不足信的。远古世界大洪水的真相究竟如何呢？

我还想知道

据考证，全世界已知的关于大洪水传说有600多则。如我国及日本、马来西亚、泰国、印度、澳大利亚、希腊及非洲、南美、北美等不同国家和民族的传说中都保留着对一场大洪水的记忆。

史前文明毁于核大战吗

遗留的奇迹

众所周知，人类有文字可考的历史至今不过2000年，但是7000年前的人类却建筑起埃及金字塔。

人类懂得穿上衣服的历史至今不过4600年，但是，大西洋海底却发现了1.1万年前的精致铜器。

此外，世界各地还发现并证实了2万年前的铁钉，3万年前的壁画以及4万年前的牛羊骸骨中赫然的子弹穿过的痕迹。

　　这样相互矛盾而发人深省的例子有很多。这些奇迹来自外星人还是来自我们的祖先？世界各国科学家和考古学家对此众说纷纭，莫衷一是。

　　人类进化至今是不是只是30万年至40万年历史呢？可以肯定地回答：不是。人类进化至现在，已经有上百万年历史。通过碳–14已经精确地估算出某种高度文明的产物远在3万年至4万年前就已出现，而它的范围之大，使我们有理由相信3万年至4万年前，人类有一个活跃和鼎盛时期。

　　我们的地球曾经不止一次遭到大洪水、大爆炸、大灾难的侵袭，因此古文明可能一毁再毁；古人类也死而复生。

对于这些大洪水的各种传说，考察其历史，都可以追溯至1.2万年前以前，刚好在冰河结束时期，这使我们对这些传说无法掉以轻心，仅仅视为神话或多事的臆测。同时这也证明了人类远在1.2万年前就有历史，也许较4000年前更发达。

无法得知的文明进程

最近从海底探测获得的资料显示，那些在古代哲学家的著作中被称为奇迹的亚特兰梯斯，可能正沉在百慕大三角的西方。

由水中拍摄的照片和实地勘测可知，1000年前的人类已能举起数百吨的巨石了。这个大洪水时代以前的文明废墟，其海底墙壁和海中道路的浩大精妙，无殊于今日视之为谜的7000年前埃及金字塔。

也许在1.2万年前，人类对宇宙的了解已经超越了当时的时空。也许在三四万年前或10多万年以前，人类已经有了数次这种文明的高峰。我们仅仅可以知道地球文明史的高峰是人类创造的，但无法得知人类创造文明的过程中那些更神奇的故事。

史诗的记载

有一部著名的古印度史诗《摩诃波罗多》，写于公元前1500年，距今有3500多年了。而书中记载的史实则要比成书时间早2000年，就是说书中的事情发生在5000多年之前。

此书记载了居住在印度恒河上游的科拉瓦人和潘达瓦人、弗里希尼人和安哈卡人两次激烈的战争。令人不解和惊讶的是，从这两次战争的描写中看，他们是在打核战争！

书中的第一次战争是这样描述的："英勇的阿特瓦坦，稳坐在维类似飞机的飞行器的马纳内降落在水中，发射了类似火箭武器的阿格尼亚，它喷着火，但无烟，威力无穷。刹那间潘达瓦人的上空黑了下来，接着狂风大作，乌云滚滚，向上翻腾，沙石不断从空中打来。""太阳似乎在空中摇曳，这种武器发出可怕的灼热，使地动山摇，大片的地段内，动物倒毙，河水沸腾，鱼虾等全部烫死。火箭爆发时声如雷鸣，敌兵烧得如焚焦的树干。"

　　第二次战争描写更令人毛骨悚然，胆战心惊："古尔卡乘着快速的维马纳，向敌方3个城市发射了一枚火箭。此火箭似有整个宇宙力，其亮度犹如数万个太阳，烟火柱滚升入天空，壮观无比。""尸体被烧得无可辨认，毛发和指甲脱落了，陶瓷器碎裂，盘旋的鸟在天空中被灼死。"

看到此惨状，现代人会立刻联想到原子弹爆炸后产生的威力。在原子弹还没有产生的年代，许多学者一直认为此书中的那些悲惨的描写是"带有诗意的夸张"。可是到了美国在日本广岛和长崎投下两颗原子弹之后，他们才恍然大悟，这些描写就似原子弹爆炸目击记一样准确。

后来考古学家在发生上述战争的恒河上游发现了众多的已成焦土的废墟。这些废墟中大块大块的岩石被粘合在一起，表面凸凹不平。要知道，能使岩石溶化，最低需要1800度，一般的大火都达不到这个温度，只有原子弹的核爆炸才能达到。

在德肯原始森林里，人们也发现了更多的焦地废墟。废墟的城墙被溶化，光滑似玻璃。除了在印度外，古巴比伦、撒哈拉沙漠、蒙古的戈壁上都发现了史前核战的废墟。废墟中的玻璃石都与今天的核试验场的玻璃石一模一样。

由此而论，国外物理学家弗里德里克·索迪认为："我相信人类曾有过若干次文明。人类存在时已熟悉原子能，但由于误用使他们遭到了毁灭。"

这可能吗？大部分科学家们认为这仅是一种附会，是不能令人信服的。但是另有一些人坚持自己的看法，认为我们的地球早已存在50多亿年了，而人类文明仅仅有5000多年历史有些说不过去。这个谜现在仍未解开。

我还想知道

考古学家实地考察了史诗中记载的战争发生的地方。他们找到一些废墟，那里有很多粘合着的大块岩石，感觉不像是一般火焰烧毁所导致。在巴比伦、撒哈拉沙漠也发现了一些史前废墟。

南极史前文明消失之谜

南极可能存在史前文明

据俄罗斯报界披露，爱因斯坦和不少的科学家坚信，如今冰天雪地毫无生机的南极曾经是人类文明的发祥地。

爱因斯坦认为，1万多年前，北极不在北极点上，而在今天的加拿大北海岸附近。南极也不在南极点上，而位于温带地区。那个时候，温度气候均适宜的南极大陆也许曾孕育了一种高度发达的古文明。

然而好景不长，因为地壳发生了逆时针大移动，北极漂移到了今天的位置，南极漂移到了冰天雪地的南极点，气候突然异常寒冷，大陆被冰雪覆盖，南极文明也随之消失。非常有意思的是，远非只有爱因斯坦一人持这种观点，与他持类似观点——人类文明可能源于远古南极的科学家不在少数。

古地图惊曝南极冰下秘密

据称，爱因斯坦和其他科学家持这种观点并非耸人听闻或者凭空猜测，而是有相当的证据的。

事实上，自第二次世界大战以来，南极大陆可能存在史前文明的设想反复被提及；不少的历史学家、人类学家以及考古学家纷纷将目光投向那片冰天雪地，其中一幅不可思议的古地图更是加强了科学界对南极的思索。

1840年，伊斯坦布尔国家博物馆馆长哈利勒·艾德海，在土耳其伊斯坦布尔的托普卡比宫找到一张奇特的古代地图。这张古地图是18世纪初发现的，看样子是一份复制品。地图上除了地中海地区画得十分精确，其余地区如美洲、非洲都严重变形。

后来，科学家们终于找到这张地图的原件，这张由土耳其帝国舰队的海军上将皮尔·雷斯于1513年绘制的地图，几乎在南极洲被发现的200年前就把这块神秘的陆地标出来了，并且他画的南极洲是一种没有冰封的状态。

6000年前南极没有冰雪

雷斯地图上的南极洲，整体形状和轮廓像极了现代地图所呈现的这块大陆。南极靠近大陆中央，和现代地图显示的相去不远；环绕海岸的山脉，使人联想到最近几年在南极洲发现的诸多山脉；河流发源自这些山脉，蜿蜒流向大海；每一条河流都依循看起来非常自然、非常可信的排水模式。

这显示，有关南极洲最早的地图绘成时，这块大陆的海岸犹未被冰雪覆盖。然而，今天地图所呈现的南极洲内陆，已完全不见河川和山脉的踪影，被冰雪覆盖。

1532年，奥伦提乌斯·费纳乌斯根据史料绘制的世界地图又绘制了一张地图，并在地图上注明了南极上的各个河床。1949年，海军上将贝尔达率领探险队到达南极罗斯海，结果发现费纳乌斯在地图上标明的河床与实地景象十分相近并一一对应。

在这些河床里，有很多由河流带到南极并沉积下来的中纬度细粒岩石以及其他沉积物。后来，华盛顿卡内基研究所的科学

家们对这些沉积物进行了研究，结果发现它们已有6000多年了。

也就是说，在6000年前，南极曾处于冰川前期很温暖的时候，百川奔流，草木葱茏，充满了生机。

费纳乌斯地图显然证实了一个惊人听闻的观点：在冰雪完全覆盖之前，南极洲曾被人类探访甚至定居过。若真是如此，那么最初绘制南极洲地图的人，就应该是生活在极为远古时代的南极人。

南极史前文明消失之谜

据此，我们是否可以设想，在1万多年前，南极大陆处于温带。优越的自然环境孕育了高度发达的文明，甚至可比18世纪的

科学水平。

那里的人们掌握着先进的航海技术和天文知识，他们率领着船队，穿梭于大洋与大陆之间。他们把自己的文明带到世界的各个角落，给蛮荒落后的大陆带去智慧和奇迹，也成为彼此交流和联系的桥梁。

但是，这个文明怎么会突然从地球上消失，不留一点儿痕迹的呢？

科学家的猜测

据说科学家们提出三种猜测：

第一，可能是地壳突然发生变动，引发了一场巨大的灾难，洪水淹没了整个世界，也淹没了曾经传播文明的王国和人民。

第二，有些科学家认为，南极史前文明并没有完全消失，可能因为地球气候发生变化，南极大陆逐渐被冰雪覆盖，曾经的史前文明被厚厚的冰层永远埋葬。

第三，这种文明仍然存在，他们可能将自己的先进知识传播给了埃及人。

科学家发现，南极并不是一直就在地球的最南端。南极大陆还是冈瓦纳大陆的一部分时，即3亿年前至2.5亿年前之间，就已经出现了冰盖，但这和现代南极大陆的冰川和冰盖完全是两回事。

我还想知道

月亮是史前人造天体吗

月球不是自然天体

科学家们发现，月球是一个异乎寻常的天体，它比自然天体的卫星大得多。地球直径12756千米，月球的直径3467千米，为地球直径的27%。

火星直径6787千米，有两个卫星，大的一个直径23千米，是火星的0.34%。木星直径14.28万千米，有13个卫星，最大的一个直径5000千米，是木星的3.5%。土星直径12万千米，有23个卫星，最大的一个直径4500千米，是土星的3.75%。其他行星的卫星，直径都没有超过母星的5%，但是月球却达到27%，这表明月球不是一般的天体。

月球不是绕地球旋转，而是伴着地球对转。其反常轴向自旋，速度非常之快，远远快于其类似的行星所应有的速度。

一般天然卫星的轨道都是椭圆的，而月球轨道却是圆形的。

我们知道，只有人造地球卫星的轨道是圆的。月亮与同样大小的行星相比，密度要小得多。预示它不同于其他行星，它内部可能是空的。

地球对月球的引力远远小于太阳对月球的引力，但月球却没有被太阳吸引过去而仍留在地球的轨道上。如果月球是一颗宇宙中的天然星体，那么它一进入太阳系就会被体大无比的木星吸引过去而不会跑到地球身边。所以，很难想象月球是在宇宙中自然形成的。

地球属于类地行星，而类地行星除地球外，其他的都无卫星。也就是说月球不是地球的卫星，它更像人造天体。

月震试验月球内部是空的证据

地震学家通常用地震波研究地球内部的性质。同样，科学家们可以用月震波研究月球内部的性质。美国宇航员以月面为基地设置了高灵敏度的地震仪将月震资料发送回地球。其中一台由"阿波罗11号"的宇航员设置在静海，另一台由"阿波罗12号"的宇航员设置在风暴洋。这种高灵敏度的地震仪甚至能记录宇航员在月面上的脚步声。

美国中部标准时间1969年11月20日4时15分，"阿波罗12号"的宇航员用登月舱的上升段撞击了月球表面，随即发生了月震。月球摇晃了55分钟以上。震动由小逐渐变大，至强度最大用了约8分钟，然后振幅逐渐减弱直至消失。这个过程用了大约一个小时，而且余音袅袅，经久不绝。

地震研究所的负责人莫里斯·云克在那天下午的电视新闻节目中传达这个令人吃惊的事实时说，要直观地描述一下这种震动的话，就像敲响了教堂的大钟。震波只是从震中向月球表层四周传播，而没有向月球内部传播，就像在一个完全中空的金属球体上发生的。在地球上这种现象是绝对不可能发生的。这充分证明月球内部是空的，表面是一层壳。

在"阿波罗12号"造成奇迹后，"阿波罗13号"的宇航员用无线电遥控飞船的第三级火箭使它撞击月面，地点选在距"阿波罗12号"的宇航员设置的地震仪140千米的地方。月震持续3小时20分钟后才逐渐结束，月震深度达35千米至40千米。只有中空的球体才会发生这种形式的振动。"阿波罗13号"、"阿波罗14

号"的宇航员还进行了多次月震试验，最大的一次月震造成的月面振动持续了4个小时。

美国航空航天局的报告书谈到，月震研究表明，月壳内部存在一个65千米厚的"硬层"。科学家冯·布劳恩博士指出，在65千米的深度振动传播速度是每秒10千米，这是岩石无法达到的，查阅一下物理学手册，就知道声音只有在金属或金属质岩石才能达到如此的传导速度。

振动在月球内部的传导速度与振动在金属中的传导速度几乎一致，科学家们推测月球内部存在金属的壳体，而在壳体之上覆盖着松散的16千米至32千米厚的石块层。乌德博士等人说这个松散层是在若干亿年的时间里，陨石和小行星、彗星多次猛烈撞击月面破碎后逐渐形成的岩石层。月球是史前人造的。美国航空航天局的科学家们根据得到的所有资料和数据制作了形形色色的月球模型，其中一个是用钛构成的中空的球体。

月球磁场的证据

科学研究表明，宇宙天体都有磁场，而月球几乎没有磁场。

科学家认为地球的磁场起源于地球内部的地核。地核分为内核和外核，内核是固态的，外核是液态的。它的黏滞系数很小，能够迅速流动，产生感应电流，从而产生磁场。地球磁场强度介于0.35奥斯特至0.7奥斯特之间，由陨石的天然剩磁推测其他天体的磁场强度为0.59奥斯特。

这就是说，所有天然天体都有磁场，像地球一样，是实心的。而月球却完全不同，根据"阿波罗"宇宙飞船采回的月岩样品及月球表面磁场的直接测量，月球周围的磁场强度不及地球磁场强度的1/1000，月球几乎不存在磁场。它内部没有像地球那样的内核，它内部是空的。

月球密度的证据

科学家们已经知道月球的平均密度是每立方厘米3.33克，地球密度是每立方厘米5.5克，几乎相差一半。哈洛德·尤里博士等科学家认为这是由于月球重心空虚所致。英国皇家天文学会的月球权威尔金斯博士甚至估计月球中有体积约1400万立方英里的空洞。

美国航空航天局的科学家称，"阿波罗11号"、"阿波罗12号"宇航员带回的月面岩石标本的密度比地球岩石的密度要高得多，它在月球重力环境下重量只有地球岩石的一半。只有月球的外壳如此坚硬，那么其内部是空的才有可能？

美国麻省理工学院的科学家所罗门博士，对月球的重力进行了研究并提出，月球内部可能是空的。他说道："根据月球轨道环行器的观测，使我们得以获得了与月球有关的大量知识，尤其在重力方面。也就是说，月球内部很可能是空的。"人类用现代科技的手段，认识到月球内部可能有空洞。

我还想知道

月岩研究表明，月球表面最古老的岩石形成于46亿年前，而我们地球上发现最早的岩石的形成时间不过是39亿年。并有6种元素是地球上所没有的，这是许多月球起源假说无法解释的。

55

诺亚方舟是神话吗

诺亚方舟真的存在吗

不仅仅是《圣经》，世界各地都流传着关于大洪水和方舟的神话。据说因为有了这艘船，人类和各种动物才能得以逃脱上帝愤怒的惩罚。

人们总想知道有关诺亚方舟的一切，比如它的大小，建造所用的材料，航行日期和停泊地点。为了寻找这只神秘之舟，几个世纪以来人类进行了上百次探险，但至今仍然没有找到它存在的证据。它的秘密难道真的被永远冰封在亚拉腊山中了吗？

诺亚方舟化成了石头，矗立在《圣经》中所说的停泊地点，

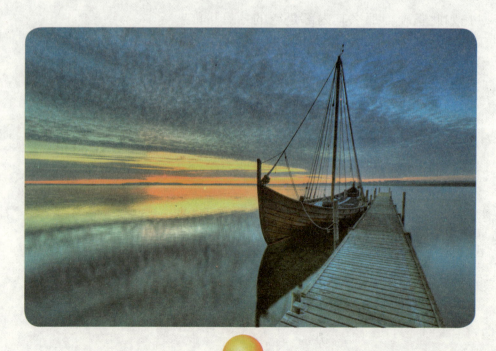

即土耳其亚拉腊山将近5000米高的冰山上。它的全部内容不仅是一个神话，并且还是对专业地质学家、考古学家和众多热衷于从宗教角度进行"方舟考古"的爱好者的一个挑战。因为要寻找诺亚方舟，除了需要科学和文化方面的知识外，还要冒着攀登亚拉腊山的巨大风险。

这座山在土耳其语中被称为"惩罚之山"，因为它经常发生雪崩和山崩，有终年隐匿在烟雾中的大裂缝，以及地震和火山爆发，大量的二氧化碳等有害气体，还有雷击的危险，最后就是土耳其政府下达的禁令和被库尔德游击队员擒获的危险。这就使几十次探险终以失败告终，但是寻找仍在继续。

关于诺亚方舟的传说

诺亚方舟是出自圣经《创世纪》中的一个引人入胜的传说。由于偷吃禁果，亚当夏娃被逐出伊甸园。亚当活了930岁，他和夏娃的子女无数，他们的后代子孙传宗接代，越来越多，逐渐遍布整个大地。此后，揭开了人类互相残杀的序幕。人类打着原罪的烙印，上帝诅咒了土地，人们不得不付出艰辛的劳动才能果腹，因此怨恨与恶念日增。人们无休止地相互厮杀、争斗、掠夺，人世间的暴力和罪恶简直到了无以复加的地步。

上帝看到了这一切，他非常后悔造了人，对人类犯下的罪孽心里十分忧伤。上帝说："我要将所造的人和走兽、昆虫以及空中的飞鸟都从地上消灭。"但是他又舍不得把他的造物全部毁掉，他希望新一代的人和动物能够比较听话，悔过自新，建立一个理想的世界。

在罪孽深重的人群中，只有诺亚在上帝眼里是一个义人，很守本分，他的3个儿子在父亲的严格教育下也没有误入歧途。诺亚也常告诫周围的人们，应该赶快停止作恶，从充满罪恶的生活中摆脱出来。但人们对他的话都不以为然，继续我行我素，一味地作恶享乐。

　　上帝选中了诺亚一家：诺亚夫妇、3个儿子及其媳归，作为新一代人类的种子保存下来。上帝告诉他们7天之后就要实施大毁灭，要他们造一艘方舟，分一间一间的造，里外抹上松香。这只方舟要长132米，宽22米，高13.2米，上边要留有透光的窗户，旁边要开一道门，要分上中下3层。他们立即照办。

　　有一天，诺亚600岁生辰，海洋的泉源都裂开了，巨大的水柱从地下喷射而出，天上的窗户都敞开了，大雨日夜不停，降了整整40天。水无处可流，迅速地上涨，比最高的山巅都要高出

6.6米。凡是在旱地上靠肺呼吸的动物都死了，只留下方舟里的人、动物及植物的种子安然无恙。方舟载着上帝的厚望漂泊在无边无际的汪洋上。

上帝顾念诺亚和方舟中的飞禽走兽，便下令止雨兴风，风吹着水，水势渐渐消退。诺亚方舟停靠在亚拉腊山边。又过了几十天，诺亚打开方舟的窗户，放出一只乌鸦去探听消息，但乌鸦一去不回。诺亚又把一只鸽子放出去，要它去看看地上的水退了没有。由于遍地是水，鸽子找不到落脚之处，又飞回方舟。

7天之后，诺亚又把鸽子放出去。黄昏时分，鸽子飞回来了，嘴里衔着橄榄叶，很明显是从树上啄下来的。再过7天，诺亚又放出鸽子，这次鸽子再也没有回来。

诺亚601岁那年的1月1日，地上的水都退干了。诺亚开门观望，地上的水退净了。到2月27日，大地全干了。于是，上帝对诺亚说："你和妻儿媳妇可以出舟了。你要把和你同在舟里的所有飞鸟，动物和一切爬行生物都带出来，让它们在地上繁衍生长吧！"于是，诺亚全家和方舟里的其他所有生物，都按着种类出来了。后世的人们就用鸽子和橄榄枝来象征和平。

谁是发现诺亚方舟的第一人

1916年，俄国飞行员拉特米飞越雪山时，发现山头有一团蓝色的东西，好奇心促使他飞回细看，他惊讶地看到了一艘房子般大的船，一侧还有门，其中一扇已毁坏。拉特米很快就把他发现诺亚方舟的奇遇报告了沙皇尼古拉二世。当时他曾组织一支探险队，由于十月革命爆发这项计划告吹。

其实，拉特米并不是第一个发现诺亚方舟的人。早在17世纪，荷兰人托依斯就写过一本书，书中他声称自己找到了诺亚方舟，并附有诺亚方舟的插图。

终于有了诺亚方舟的照片

亚拉腊山位于土耳其东端，靠近伊朗国境的地方，是座海拔5070米的死火山。山顶自古就被冰川覆盖，传说山顶留有诺亚方舟。1795年，一个叫弗利德里希的爱沙尼登山家，初次在亚拉腊山登顶成功。随后，在1850年，盖尔奇科上校率领的土耳其测量队也登上了顶峰。1876年，英国贵族詹姆斯·伯拉伊斯在圣山高约4500米的岩石地带，捡到了木片，并发表了他找到方舟残迹的消息。第二次世界大战后，一位土耳其飞行员拍了一张"方舟"照片。从此，方舟不再是人们口头传闻，而是有了照片的实物。更令人吃惊的是：照片放大处理后，测出船身为150米长，50米宽，和传说中的方舟近似。

1952年，法国的琼·利克极地探险家又组织了探查队，并成功地登上了亚拉腊山顶，然而关于诺亚方舟却什么也没有发现。

1953年7月，琼·费尔南·纳瓦拉他带着11岁的小儿子第三次登上亚拉腊山峰顶，他们从冰川中，带回了一块木板。对这块木板的科学研究结果证明，是一块经特殊处理过的木板。经碳-14测它至少有4484年的历史，正是所传方舟建造的年代。人们惊呆了，又有照片，又有实物，费尔南坚信自己发现的就是诺亚方舟。但有人提出质疑：即使发生特大洪水，地球水位也不会升到5000米的高度，方舟何以能在亚拉腊山巅？

有专家认为：从科学观点来看，历史上有人见过诺亚方舟的说法是没有说服力的。如果方舟在5000年前搁置在亚拉腊山的山顶附近，那它很可能早就被冰川运动转移到较低的高地。方舟至少在某种程度上已支离破碎，木头撒遍了亚拉腊山的较低山坡。就我们所知，从来也没人找到过这样大宗的木头，更不用说方舟的残骸了。

大船是传说还是确实存在

由《圣经》的记载推算，大船应该是一只排水量4.3万吨的巨大木箱，最后停靠在亚拉腊山上。亚拉腊山位于今土耳其东部，海拔5000多米，这里真是大船最后的归宿吗？

2003年，卫星拍到亚拉腊山有一片不规则区域，这里纹理相对平整，好像和周围的岩石质地不同。科学家通过分析，计算出不规则区域的长度是309米。更令人兴奋的是，记载中的诺亚方舟长宽比为6∶1，而卫星拍摄的照片显示，不规则区域的长宽比也是6∶1。2008年开始，先后有我国和土耳其的方舟探索队来此一探究竟。近两年的探索后，他们终于在亚拉腊山海拔4000多米的冰川下找到一处人工遗迹，经证实，确为诺亚方舟遗骸。

遗骸为巨型木结构，木样本经分析，证实有4800年历史。亚拉腊山的雪线以上没有树木生长，由于气候严酷，3000米以上也从没有人类建屋聚居的遗迹，加上当地世代以泥砖建屋，木材是罕有建材。如此推测，这处遗骸应该就是传说中的诺亚方舟。

木结构如今已经破损，队员从不同的破口进入，迄今为止发现7个空间，空间高度超过5米，内里的墙身也全是木质，但并非盒子形，墙身有点弧形和倾斜。

　　亚拉腊山的永久雪线位于海拔3900米，而方舟遗骸在4000米以上，有利于木材的保存。而木材可以负载本身重量的5倍，因此木结构承受了巨大的重量而没有粉碎。这些因素让方舟得以保存至今，最终现身于世。如此说来，其他关于方舟遗迹、遗址的传言自然不攻自破；探索正版方舟的脚步仍然还在继续。

　　2010年4月28日，一支由香港人和土耳其人组成的探索队在北京宣布，他们在土耳其东部的亚拉腊山发现了诺亚方舟遗迹；探索队员还在方舟内发现了陶器、绳索以及类似种子的物体。

我还想知道

玛雅文明是怎样衰落的

玛雅文明的历史

玛雅文明曾是西半球最伟大的文明之一。他们务农，建筑巨大的石屋和金字塔，冶炼黄金和铜，使用一种至今尚无人能解读的象形文字。

该文明形成于公元前2500年，公元前400年左右建立起早期的奴隶制国家，3世纪至9世纪进入古典繁盛期，15世纪衰落，最后被西班牙殖民者摧毁。此后长期湮没在热带丛林中。18世纪末才再次为世人发现。

在玛雅历史上，没有埃及式的法老，也没有罗马式的恺撒，更没有政教合一的哈里发。从来没有一个权威人物在某一时期统治过所有玛雅人。各个玛雅城市是相对独立的。但是它们又共享同样的宗教、文化和语言。所以，玛雅城市之间的关系大致相当于希腊城邦之间的关系。这样一个高度发达的文明，怎么会如此命运多舛，接二连三遭遇打击呢？

饱暖不思变

玛雅人的主食是玉米。在中美洲的自然环境下，玉米从播种到收获需要190天的时间。玛雅农民只需通过六七个月的实际耕作，便可以收获比全家人一年所需还要多一倍的粮食。

剩余的粮食可以拿到市场上进行交易。热带雨林的湿热环境使居住条件相对简单，比起住在寒带或温带的人，玛雅人不必考虑如何御寒。拜地利所赐的玛雅人有充足的时间和精力用于宗教、艺术等文化活动。

伟大的文明不一定诞生于闲暇，但在维持温饱之余仍有余力进行创造，这无疑是文明发展的必要条件之一。大大小小多达10万座的玛雅金字塔就是这种闲暇的产物。

第一次衰落

9世纪，数以百计的玛雅城邦突然被纷纷遗弃，那些繁华的都市几乎在同一时期湮灭在热带丛林中。创造了无数奇迹的玛雅人一部分迁徙到了尤卡坦北方的荒野，其余的则撤入丛林，不知

65

所终。辉煌的玛雅古典期文明就这样神秘地降下帷幕。

玛雅人为何弃城而去，是火山爆发、地震、飓风、瘟疫，还是奴隶起义、内战频繁、外敌入侵等各种各样的推测原因被提出，却又都没有充足的证据。近年来"生态危机论"被提出，看上去似乎很像这道谜题的最终答案。

玛雅的城市文明建立在玉米农业的根基上。自古以来，玛雅农民采用一种极原始的耕作法：他们先把树木统统砍光等过一段时间干燥后，在雨季到来之前放火焚毁，以草木灰作为肥料，覆盖住贫瘠的雨林土壤。烧一次种一茬，待草木长得比较茂盛之后再烧再种。

当文明繁盛、人口大增时，农业的压力越来越大，人们不加节制地毁林开荒，同时尽量缩短休耕时间，导致土壤肥力下降，玉米产量降低，结果占人口大多数的劳力者食不果腹，生活水准一落千丈，只得举国迁徙，另觅他乡。

所谓"成也萧何，败也萧何"。玛雅人在得益于上天所赐的自然环境之时，也为灭亡埋下了灾难的种子。因为自然条件过于优越，不必考虑提升农业生产力，比起那些经常在温饱线上挣扎的同类来说，玛雅人缺少应对灾变的意志与能力。

第二次衰落

玛雅古典期文明衰落了。但玛雅文明却远未灭亡，文明的重心北移。在墨西哥尤卡坦半岛的石灰岩平原上，一些新的玛雅城邦再度兴起，构成了后古典期的玛雅文明。

不过它们再也没有达到过古典期那样的辉煌。后古典期的玛雅文明建立在干旱贫瘠的土地上。这种先天的不足，导致了历史悲剧重演，使玛雅再次陷入颓势。自1519年起的西班牙殖民入侵构成了压垮骆驼的最后一根稻草。从此玛雅湮没在丛林荒草之中。

现在，仍有将近200万玛雅人生活在祖先的土地上，使用着近25种玛雅语。然而他们对过去的历史几乎一无所知。他们和丛林深处的废墟一同缄默着，共同构成了失落文明的遥远背影。

玛雅人有着独特的时间观，他们认为世界是不断创造又不断毁灭的，今日的世界也有自己的。

太阳活动和玛雅文明的衰败

科学家们推测，太阳亮度的微妙变化激发了尤卡坦半岛灾难性的气候变化，从而可能触发了玛雅文明的毁灭。这项新研究用于湖底的岩芯证实：当地遭受几千年来最严重的干旱时，正是玛雅文明衰落开始加速之际。

太阳的活动有一个"200年震荡"，不同的研究给出的周期在206年至208年之间。这一周期活动被记录在由宇宙射线产生并残留在树的年轮里的碳-14同位素的含量分布中，科学家们认为这与太阳黑子数目的变化和太阳的亮度具有对应的关系。

新的纪录是来自墨西哥湖底的、具有非常好的年代测定和高分辨的岩芯。沉积在湖底的石膏含量的变化记录了湖的气候变化：无论何时，当降雨量减少时，蒸发作用将盐浓缩，湖水沉淀出石膏。

美国佛罗里达大学的古气候学家们将岩芯的石膏含量记录和太阳活动的记录进行了对比，他们发现太阳活动的200年震荡纪录与石膏含量的变化完全一致。

玛雅文明的衰落与干旱有关

一项新的研究认为，玛雅文明的神秘消失，很可能与该地3次严重而持续时间长的干旱有关。这3次干旱每次持续3年至9年，可能给本在崩溃边缘的玛雅文明捅上了最后一刀。

瑞士联邦技术学院一研究组认为750年至950年，玛雅经历了一次大的人口急剧下降的时期。古玛雅人在750年左右达到极盛，其人口达到300万至1300万，但到9世纪早期，人口开始急剧下降，许多城镇被荒废。这3次干旱分别大约在810年、860年和910年，与考古证据中玛雅文明衰亡的时间吻合。

这些发现基于对该地区发现的沉淀物所作的长期的气候记录分析得出的。不同层的这些沉淀物往往表明每年的干湿情况。该研究小组通过对含钛量不同的分析，推测出了该地区每年的降雨量。尽管这样，还很难精确表明干旱与玛雅文明的衰落有关。

战争失利文明被毁

德莫莱斯特是美国范德比尔特大学的考古学家。他领导的一个考古小组5年前来到危地马拉进行考古探险，在一个名叫坎祖恩的玛雅遗址上挖掘出了迄今为止保存最为完好的玛雅人宫殿建筑群落。不久前，考古小组成员在这一地区意外地发现了数个大型墓穴，其中不但整齐地堆放着人类尸骨，还有众多史前古器物。德莫莱斯特认为，这一发现有助于解开已经困扰了人类几个世纪的难题，即玛雅文明到底是为何迅速走向衰败的。

德莫莱斯特说，之前挖掘出的玛雅人宫殿建筑群落位于坎祖恩古城遗址中央，宫殿用石灰石建造，分3层，共有11个院落，170个房间。从宫殿规模可以判定，坎祖恩是当时玛雅文明繁盛时涌现出的多个南部低地城市之一。对于在这一地区刚刚发现的大型墓穴，德莫莱斯特认为，它们很可能是在一场战争后被胜利者建造起来的。

考古小组认为，当时生活在坎祖恩的玛雅人有可能经历了一场非常惨烈的战争，尽管目前不能判断交战的另一方是何许人，但可以肯定的是，玛雅人在这场战争中被打败了，城市中幸存的玛雅人不但被胜利一方斩尽杀绝，整个城市的文明也几乎全部被毁，随着战争的结束，坎祖恩也变成一个没有人烟的废弃之地。

根据德莫莱斯特的理论，坎祖恩战争结束后，生活在附近其他城市的玛雅人被迫离开故土，开始向中美洲北部和东部辗转迁徙，在这些地区的自然资源被耗尽之后，玛雅文明最终开始走向衰落。

最新理论获得认同

德莫莱斯特认为，坎祖恩战争无异于被推倒的多米诺骨牌，它引发了玛雅文明的迅速衰落。德莫莱斯特说："这是一个非常重要的历史时刻，其重要性不亚于1914年奥地利大公费迪南遇刺引发第一次世界大战。"

美国考古学家·弗雷德尔认为，坎祖恩战争有可能是由一场农民起义引发的，也有可能是一场外族入侵。德莫莱斯特考古小组在坎祖恩遗址上还发现了一个尚未完工的用石器和木头匆忙搭建起来的防护围栏。德莫莱斯特说，从中可以判断，当时生活在坎祖恩的玛雅人预先知道有一场灾难即将降临，但很显然，他们的抵抗最终还是失败了。

长期以来争论不断

玛雅人是中美洲的土著居民，居住在今天的墨西哥、危地马拉和洪都拉斯等地。他们拥有发达的古代文明，最早种植了玉米，天文和历法也相当精确。大约在800年，玛雅文明到达顶峰，然而随之而来的是一场崩溃，南部低地的玛雅人放弃了繁华的城市，神庙变成了野兽出没的废墟。

直至16世纪，当欧洲殖民者登上美洲大陆大肆杀戮和掠夺时，玛雅文明终于完全衰落。考古学家有的认为玛雅文明衰落是地震或瘟疫造成的，有的认为是干旱等环境因素造成的；有的认为玛雅文明在短短几年里就迅速衰败，有的却认为整个过程持续了两个半世纪之久。

> 墨西哥考古学家在墨西哥南部恰帕斯州托尼纳发现一座拥有1100年的玛雅文明末期古墓。这一发现表明，曾经有其他文明在玛雅文明从辉煌走向衰败之后占领过这个定居点。

我还想知道

史前文明研究

　　史前文明现象的发现，引起了科学家的高度重视，很多人加入了研究这一问题的行列，并取得了一定的成果，但仍有一些难题迷雾重重，至今尚未破解。

长耳人是从哪里来的

复活节岛上的小雕像

复活节岛上最早的土著长得什么样子？谁也不知道。但岛上的毛阿依·卡瓦卡瓦小雕像却有可能使我们看到复活节岛早期居民的容貌。

毛阿依·卡瓦卡瓦是一种男性木头小雕像，只有0.3米高，雕像上的人身体消瘦，肋骨外突，腹部凹陷，长着长耳朵，留有一撮山羊胡子。

一些国家的博物馆中，至今还保存着这些用光滑坚硬、闪闪发光的托洛米洛木制成的小雕像。

小雕像是什么呢

有人认为，它表现的是经过漫长而又艰难的海上航行后到达复活节岛的最早居民。但复活节岛人却加以反对，因为岛上的神话中说，第一批迁徙者的身体都很健壮，并且又带着足够的食品。

也有人认为，这些木雕像是些木头傀儡玩具和为死人雕刻的纪念像，雕像上人物那消瘦的面容和颈部肿大的甲状腺，表明他们患有内分泌失调的疾病，而鹰钩状鼻子、张露的牙齿和异常的脊椎骨，又表明他们曾受到某种光线的强烈照射。

岛上的其他小雕像

除掉毛阿依·卡瓦卡瓦小雕像外，岛上还有其他许多小雕像。有一个身体消瘦的女性小雕像叫毛阿依·帕阿帕阿，它酷似男性小雕像，也长着一小撮山羊胡子。此外，还有长着两个头的小雕像——毛阿依·阿利思加以及人身鸟头的坦加塔·玛努人鸟像，还有鱼、鸟等许多动物的小雕像。

这些独特的木雕像几乎岛上每个居民家中都有。很清楚，它们是受到人们崇拜的偶像。

第一个来到复活节岛的西方传教士埃仁·埃依洛说："有时我们看到他们把小雕像举到空中，做出各种手势；同时边跳舞边唱着一些毫无意义的歌。我认为，他们并不了解这样做的真正含义，他们只不过是在机械地重复他们从父辈那儿看到的一切而已。如果你去问他们，他们这样做是为什么，他们会告诉你说，这是他们的习惯。"

我们从大雕像上可以看到，岛上的早期居民有着一对长长的大耳朵。

长耳人是何时来岛上的

海尔达尔于20世纪中期曾在岛上看到过头领彼德洛·阿坦的肤色同欧洲人完全一样，他就是唯一的一个幸免于难的"长耳人"后裔。

长耳人又是什么时候来到复活节岛上的呢？传说中对此说法不一。有的说他们比霍多·玛多阿来得早，有的说他们是一起来的，还有的说他们比霍多·玛多阿来得晚。但不管怎样，是他们雕出了石像和阿胡。

对复活节岛的古昔往事很了解的著名旅行家基利莫齐断言，新的长耳人是同霍多·玛多阿一起来的。但另外的人却反对，说他们不是同霍多·玛多阿一起来的，而是稍后同一位名叫图乌科·依霍的首领一起来的。

当时在场的一个复活节岛妇女却对这位研究者说道："不要相信他们，他们什么也不懂！"

那么，长耳人又是谁呢？

复活节岛人向来就有把耳朵拉长的习惯。最先发现复活节岛的罗格文上将同行者别列恩斯特看到，某些岛民耳垂一直拖到肩部，还有的人耳垂上挂着特别的耳饰——白色圆饼形耳饰。与复活节岛相距数千千米的美拉尼西亚人也有这种习俗，南美印加人的神也有长耳垂，马克萨斯群岛古代居民的耳朵也很长。

把耳垂拉长的习惯从哪儿来的呢

印度迈索尔有一座30米高的花岗岩石雕像——戈麦捷什瓦拉，它于938年完工，比复活节岛的最大雕像还要大，其耳垂一直拖到肩上，是一位名副其实的长耳人。

印度南部著名的水彩壁画和马哈巴利普拉罗庙宇的壁画以及浮雕上的所有人物，也都是些长耳人，长长的大耳朵上还悬挂着各种耳饰。在印度，长耳是佛的特征之一，所有的菩萨塑像都有着长长的耳朵。

在印度，不仅佛有长长的耳垂，并且诸神也是些长耳人。在离孟买不远的象岛上，有一座洞穴庙宇，印度的三大圣人——波罗吸摩、毗瑟奴和湿也都有长长的耳朵。大量的化身、佛教中的导师、圣徒和教会中的人物，甚至连凶神恶煞，也都有着长耳朵。东南亚各部族也有把耳垂拉长的习惯。很可能，波利尼西亚和复活节岛的祖先就是从印度那儿迁居来的。但这也仅仅是一个大胆的假设而已。

复活节岛上的两个民族

古时的复活节岛上，曾有两个民族一起生活，和平相处数百年。其中一个民族肤色白皙，相貌奇特，男男女女都把耳垂穿透，坠上很重的东西，人为地将耳朵拉长垂到肩头，他们中有的人头发是红色的。这个民族被叫作长耳人。

另一个民族肤色较黑，不坠耳朵，黑发，被叫作短耳人。长耳人生气勃勃，精力充沛，居于统治地位。他们是杰出的建筑师、工程师和管理者。短耳人则处于被支配地位，辛勤劳动，帮助长耳人完成各种工程。

长耳人与短耳人的战斗

据传说，长耳人计划了一个巨大的工程，要把整个复活节岛地面上的石块清除掉，使岛上全部土地都能耕种。这一工程首先在岛上最东部的波伊克高地进行。

长耳人要求短耳人把高地上所有的石块运到悬崖边缘，扔进海里。直至今天，波伊克半岛青草丛生的地面上还是一块石头也没有，而复活节岛其他的地方都覆盖着很多黑色或红色的熔岩堆和熔岩石块。由于长耳人把事情做得太过分了，短耳人终日为他们搬运石头感到十分厌烦，因此决定向长耳人开战。

长耳人与短耳人起冲突的起因，还有另一种传说：当年住在奥朗戈村的一个长耳人家里，被人发现有30具吃剩下的男孩尸骨。其中有7具是一个短耳人的7个儿子。

这个短耳人知道后气疯了，一圈一圈地狂奔，直至累得躺倒在地。他的兄弟们见此情景，拿起武器，杀死了奥朗戈村的长耳人。他们的行动得到了其他短耳人的响应，纷纷加入到追杀长耳人的行列，迫使岛上各地的长耳人都逃上了波伊克高地。

长耳人从岛上各地逃至岛的最东部，在已清除掉石块的波伊克半岛建立起自己的根据地。他们在首领艾寇的指挥下，利用火山熔岩流形成的一条沟壑，修筑了一条长约3000米的壕沟，将波伊克高地与岛的其他部分隔开。他们在壕沟里填满了枝条和树干，使之成为一道长长的干柴堤。

如果下面平原上的短耳人攻打通往高地的斜坡，他们就在壕沟里放火，燃烧起一堵火墙。波伊克半岛如同一个巨大的城堡，沿海岸是近200米高的悬崖直插大海，地势极其险要。因此，长耳人感到自己十分安全，可以高枕无忧了。

然而，有一个长耳人娶了位短耳人妻子，她名叫莫可平杰，同丈夫一起生活在波伊克高地上。长耳人万万没有想到，这位妇女是个内奸，她与下面平原上的短耳人商定好一个暗号：短耳人只要看见她坐着在编筐子，他们就可以从她坐的地方潜入波伊克高地。

一个夜晚，短耳人的探子看见莫可平杰坐在壕沟的一头编筐子。于是，他们便从峭壁边缘她坐着的地方，一个一个悄悄地进入波伊克半岛。沿着高地的外缘，短耳人神不知鬼不觉地包围了波伊克高地。

经过血腥激战，长耳人不是被杀死，就是被烧死在自己挖掘的壕沟里。只有3个长耳人跳过火沟，逃了出来。其中一个人名叫奥罗罗伊纳，另一个人名叫瓦伊，第三个人的名字没有流传下来。他们逃出来后藏匿在一个洞穴里。

不幸的是，他们被短耳人发现了。其中两个人被短耳人用尖利的木桩捅死。短耳人饶了奥罗罗伊纳的命，让他作为唯一幸存的长耳人活下来。他后来与一位短耳人妇女结了婚，生儿育女，代代相传。现在，复活节岛上仍有很多他的后裔，生活在短耳人中间。不过，他们早已不再拉长耳朵了。

考古发掘证明，长耳人壕沟中的确燃起过熊熊烈火，但那时岛上刚刚有人居住，并且壕沟中也没有留下长耳人死后的遗骸。因此，关于长耳人被烧死在壕沟中的一切说法也就不能成立。

我还想知道

已经灭绝的史前动物

生物进化

生物的进化是一个很复杂的过程。但生物的进化无不是经历由简单至复杂、由水生至陆生、由低等至高等这样一个漫长的演化过程。但是这个进化过程并不是一帆风顺、直线上升的，而是曲折的以螺旋式上升的，它的每个循环在生物史上都是一次飞跃。在漫长的历史长河中，所有的动物都会随时间的改变而发生变化，而这种变化是一个非常缓慢而渐进的过程，这在生物学上就叫作进化。

而今，许多动物都不复存在了，因为它们的后代在自然条件的影响下经常发生变异，适应自然条件的动物可以生存、发展，而不适于自然条件的动物则被淘汰。这种适者生存的过程就叫作自然选择。那些被淘汰的动物的遗体在大自然环境的作用下，以石头的形式保存下来，就形成了化石。现在，化石成了科学家研究古生物的主要依据。

进化过程

地球上最初的动物都是生活在海洋里的原生动物。到距今6亿年前才出现水母、珊瑚和蠕虫等软体动物。又经过几百年的进化，海洋中才出现鱼类。

大约距今3.6亿年前，两栖动物才首次登上陆地，进而有了爬行动物。又过了约一亿年，恐龙才出现，地球上呈现出最繁荣的景象。至第三纪时，地球上的物种丰富起来，跟现代的物种差不多。到了第四纪时，原始人类出现了，他们聪明能干，不仅会用语言交流思想感情，还会使用和制造工具。

地球的历史至少有46亿年了，而人类的历史只是其中的一小段。那么，在人类出现以前的那段时间即史前时期，地球上有些什么动物呢？为什么曾一度称霸海洋的三叶虫会突然销声匿迹？为什么曾称霸陆地的恐龙也会突然灭绝？这都是未解之谜。

怪诞虫化石

怪诞虫与欧巴宾海蝎一样，生活于大约5.3亿年前的海洋之中，最早发现于加拿大，是寒武纪最著名的动物。怪诞虫属于叶足动物门，头很大，躯干背侧具有7对斜向上生长的强壮的长刺。由于其长相怪异，以至于科学家们都无法确定它们究竟哪一端是头哪一端是尾。它们长有7对脊骨，体形像虫子，身体顶部有7根带叉的触角。长有球状物的一端看起来像是头部，但没有发现眼睛和嘴巴。身体另一端长有一根长长的管子并卷曲于背部之上，可能就是嘴巴或肛门。

大陆鲨化石

大陆鲨化石最早出现在二叠纪早期，是生活于中等水深中的肉食性动物。大陆鲨的前齿形成一个螺旋，约有180多颗，每个单齿由根部上直立的三角形组成。

这个动物的牙齿和下颚是连接着的，有很多的牙齿，不断地更换牙齿。体长有3米至4.5米。

史前动物

三叶虫。三叶虫最初出现在寒武纪初期，当时居海洋的统治地位，但到了中生代已完全灭绝。现在我们只能看到它们的化石。三叶虫的样子奇特，身体分成头、胸、腹三部分。贝壳则有

3个叶体,二叶位于纵向轴叶的每一侧,因此被称为"三叶虫"。

甲胄鱼。甲胄鱼是最古老的脊椎动物。它们生活在距今4亿多年至5亿多年的古生代时期。他们中的大多数身体前段都包着坚硬的骨质甲胄,形似鱼类,但没有成对的鳍,活动能力很差。

猛犸象。猛犸象生活在距今20万年至1万年前的第四纪冰川地区外缘的冻土苔原地带。它们是适应寒冷气候的动物,全身覆盖着暗褐色的毛。

始祖鸟。生活在距今1.44亿年前。科学家从化石上看到始祖鸟有清晰的羽毛印痕,并且分为初级和次级飞羽,还有尾羽。它们的前肢进化成飞行的翅膀,后足有4个趾,这些特征都与现代鸟类相似。

石爪兽。石爪兽生活在1200万年前,体形与现代马差不多,脚上有爪,形状像石块,所以叫它石爪兽。

惊现大型古生物化石

2011年11月15日,我国贵州省务川县大坪镇甘禾村鹿池头组村民田秋强在挖地基放炮时,炸开一个深约3米的大洞。

出于好奇,有两名村民用梯子下到溶洞中,只见该洞属于典型的喀斯特地貌，洞深约300米，到处是晶莹剔透的石头，像牙齿，但已明显石化，白得有点像瓷器。

两村民在洞中继续寻找时，又发现一大块牙齿化石，这块化石都由成排的牙齿组成，化石长约0.2米，宽约0.1米，重约500克。他们还发现了一些头骨一样的东西和几块已钙化的小块古生物化石。

随后，这两名村民向县文物保护中心报告了此事。11月23日上午，县文物保护中心工作人员实地考察后，判断这些化石属于大型古生物化石。考察人员还从洞里找到了几颗牙齿、腓骨和一些骨头碎片。目前，当地政府已对该溶洞进行了保护，等待上级专家对这些化石作进一步考证。

务川县是仡佬族聚居地。2004年贵州省考古专家在务川县发现了丰乐院子青史前文化遗址，估计遗址文化为旧石器晚期——新石器时期，距今1万年左右。该遗址的发现，说明在务川这片土地上古人类早有活动。

体积惊人的史前巨蚁化石

古生物学家在美国怀俄明州发现的"史前巨蚁"化石，其体型像蜂鸟一样大小，推断约出现在5000万年前，应在地球较为温暖时，穿越陆桥，来回于北美以及欧洲之间。

美国西蒙弗雷泽大学的研究人员表示，这是第一次有如此完整的史前巨蚁化石出土。他们认为，这份化石来自于怀俄明州一个很有名的考古地点——绿河组。

当时他一眼就看出这个化石的不寻常之处，身长0.05米，除了体积惊人以外，也与曾在史前德国一带出没的巨蚁类似。而最使他们百思不得其解的就是，这史前巨蚁为何在大西洋的两端消失。

科学家表示，体型巨大的蚂蚁多在气候炎热的地方出没，而这史前巨蚁生活在始新世时期的初期，当时各大陆彼此间的距离较近，海平面也低，甚至可以穿越北极，从加拿大多伦多走到伦敦。

当时的北极不如今日如此寒冷，最冷的月份也不过8℃左右，此温度不至于让蚂蚁冷死，因此研究人员推断，史前巨蚁应是在这段跋涉于两大陆之间，不过研究人员仍不确定史前巨蚁起源于欧洲，还是北美。

我还想知道

邓氏鱼，有10米长，4吨重。肉食动物，却没有牙齿。它很可怕，幸亏它早就灭绝了，要是出现在海里的话会十分吓人。没有任何生物的生存与它有直接关系，有人认为它是很久以前的鲨鱼。

古怪之城未解之谜

两座古城先后被发现

在过去很长一段时间里，美索不达米亚被认为是世界上最早的城市发源地，位于幼发拉底河和底格里斯河之间。4000年前，苏美尔人来到这里定居，并建设了吾珥、乌鲁克、伊里都、拉格西、尼普尔以及其他城市。

然而，在20世纪50年代，《圣经》所记载的耶利哥古城被发掘出来。考古学家惊异地发现这是一座有着9000年历史的古城。此后，陆续又有其他史前城市出土。

1961年，安卡拉"英国考古学会"另一位考古学家梅拉特，在土耳其发掘到另一个远古城市，其年代为公元前6250年，就是说它有着将近9000年的历史。这个城市名为沙塔胡克。这是考古史上又一次重大发现。它震惊了世界考古界。

两座古城隐藏的众多谜团

这两座有着9000年历史的古城属于新石器时代。它们的相继发现，打乱了原来的历史，推翻了关于世界上最早的城市始于苏美尔人的观点。这两座远古城市遗址中出现的众多谜团，已引起人们的极大兴趣。其中沙塔胡克尤为重要。

到目前为止，这座城市的遗址虽然只有部分出土，但它已经成了考古资料的丰硕宝库。

沙塔胡克古城遗址地处土耳其平原中央，海拔900余米，长达470米，由于只有一部分出土，因此很难计算出原城的大小。据专家推测，这个面积宽广、人口比较稠密的城市或许会有6000人至1万人。

若与苏美尔人建造的那些占地数百亩、居民数万的城市相比，这些新石器时代的城市相对较小。然而建筑技巧却很独特，与以前出土的古代城市几乎完全不同，其城市布局、市民交往方式、城市交通等都为后人留下了千古之谜。

沙塔胡克城奇特的建设布局

几千年来，世界上所有的城市在城外都建有护城墙，城内建有街道，这也是最基本的城市布局。然而沙塔胡克城的面貌截然不同，既没有城墙，也没有街道，只有建造在一起的一堆房子，屋屋相连。唯一的进出口是房顶上方的开口。所有的房子都是平顶的，居民全靠平台式的房顶来往。房屋都是长方形，非常适合居民的需求。

这样的城市，有史以来在全世界所在城市中可以说是独一无二的，古代各国典籍中也都没有这样的记载。它的基本构思完全背离了人们常见的古代城市的观念，令人百思不得其解。

为什么要这样设计城市

有的考古学家认为这是由于当地缺乏石料，有人却认为是出于安全需要。因为一旦敌人来攻，居民只要把梯子拿开，敌军就难以进入。在沙塔胡克近千年的历史中，没有遭受过劫掠的痕迹，大概这种布局的设计起了很大的作用。

假如是这样，这种城市布局应该很快会被其他城市效仿，然而，事实却并非如此。为什么没有任何类似的古代城市呢？这样怪异的城市究竟是哪一个民族建造的？如果是当地居民，那么这种城市布局为什么没流传下来？如果是游牧民族，那么该城为什么会存在近百年之久？

考古学家测定沙塔胡克的面积为206亩，而现已出土的仅为18亩。城市出土的起居室已有139间，考古学家鉴定其中40间为神殿或祭室。因为这些房子比别处大，与普通房屋区别很大，房内设计不同，比一般民房讲究，带有明显的祭祀意义。

　　从沙塔胡克城挖掘的家庭用品显示，城里的居民已开始追求生活所能带来的享受。在这里发现的无数日常用品，品质之佳和工艺之精细，可以证明这里的城市生活已带有一定程度的奢华。

　　从文物中看出，当时的手工业相当繁荣，他们的木器和骨雕有着相当高的水平，石器工艺也达到新石器时代的高峰。从出土饰品中可以发现，当时的手工匠人所用的原料相当广泛，有木材、绿石、燧石、水晶、碧玉等很多矿物。

　　考古学家发现，从沙塔胡克可望见火山黑桑山。黑桑山盛产曜石。这种酷似玻璃的火山石非常名贵，大约从公元前6000年起，沙塔胡克城曾与远及塞浦路斯及巴基斯坦等地有过商业来往。

我还想知道

底比斯神奇在哪里

古都底比斯的神奇

底比斯建城于4000多年前，至公元前1555年进入鼎盛期。公元前663年亚述人入侵，城毁。后又经希腊人、罗马人的蹂躏，再加盗贼的挖掘和掠夺，珍贵文物被抢掠一空，仅剩若干搬不动的建筑物留在地上。从残存的柱、廊、碑、墙基和墓室，也可以看出底比斯显赫的历史。

底比斯是古代埃及帝国的中王朝和新王朝的国都，历代帝王辛勤经营了1000多年。城跨尼罗河两岸，东岸是"生者的乐园"，是法老居住的地方，规模宏大，号称"百门之城"，拥有100座城门，是当时世界最大城市。

城内布满豪华的王宫、阴森的神庙、大臣和奴隶主的府第、外国使节的宾馆、手工作坊、监狱、兵营、奴隶住的地洞、茅舍等。西岸是太阳沉落的地方，"死者的天堂"，历代帝王及其亲属、大臣葬于斯，营建了连绵不绝的陵墓群，号称"国王谷"。

古城底比斯历史演变

底比斯兴衰是整个古埃及兴衰的一个缩影。从公元前2134年左右埃及第十一王朝法老孟苏好代布兴建底比斯作为都城，直至公元前27年底比斯被一场大地震彻底摧毁时止，在2000多年的漫长岁月里，底比斯在古埃及的发展史上始终起着重要作用。

第十八王朝法老阿蒙霍特普四世大概看到了阿蒙神庙祭司们不断增加的财富所构成的威胁，决定推行宗教改革，底比斯从此衰落了20来年。第二十一王朝以后，随着底比斯统治集团内部矛盾的不断加剧，加上爱琴海和小亚细亚一带的"海上民族"的不断入侵，新王国日益衰落；底比斯开始降临厄运。

公元前663年左右，入侵埃及的亚述军队再次火烧、洗劫了底比斯。公元前27年，一场地震又使底比斯城里仅存的一些纪念性建筑物瞬息之间倾塌无遗。

至19世纪，只留下一堆废墟的底比斯，成了古墓盗劫者的乐园。在现今埃及的卢克索和卡纳克一带，人们还能见到底比斯遗址的一些断垣残壁。

至公元前2000年左右，虽然第十二王朝的开创者门内姆哈特一世曾把首都从底比斯迁到孟菲斯附近的李斯特，但在底比斯，继续兴建纪念性建造物。

从公元前1790年至公元前1600年左右，王国遭到了外族喜克索斯人的入侵。喜克索斯人征服了大半个埃及，最后定都阿瓦利斯，建立了第十五王朝和第十六王朝。底比斯经历了第一次衰落。埃及人在阿赫摩斯一世的率领下，又在底比斯建立了第十七王朝，并在公元前1580年左右攻占了阿瓦利斯城，把喜克索斯人赶出了埃及，开创了古埃及新王国时代。

新王国时期的法老们再次选定底比斯作为埃及的宗教、政治中心。他们发动了一系列侵略战争，掠取了大量财富和战俘，并把底比斯建成当时世界上最显赫宏伟的都城。他们在东底比斯为阿蒙神和他们自己建起了一座座壮观的神庙和宫殿。

底比斯在埃及古王国时期，是一个并不出名也不很大的商贸中心。通往西奈半岛和彭特的水路，通往努比亚的陆路，都要经过底比斯。底比斯的兴盛是跟阿蒙神联系在一起的。法老孟苏好代布把首都定在底比斯后，又将阿蒙神奉为"诸神之王"，成了全埃及最高的神，从此开始在底比斯为阿蒙神大兴土木。底比斯在古埃及历史上的重要地位就这样被奠定了下来。

建在遗址上的卢克索

底比斯在尼罗河中游，北距开罗700千米，南距阿斯旺200千米，有铁路相连。在遗址南半部建了一座小小的城市卢克索，仅有人口4万人，它完全是为了底比斯的游览业而兴建的。

入夜，不断变换的各色灯光射向古址，将断廊巨柱烘托得更加雄伟瑰丽。走入古殿，各种声响频频入耳，模拟得十分逼真，再加形象生动的解说，使人朦朦胧胧，犹如时间倒退了几千年。

世界现存最大的神庙

自卢克索市北上，约10千米到达卡纳克神庙。它是底比斯城遗址上保存最完整、规模最大的建筑群，经历代帝王持续营建500多年而成。全庙由3座大殿组成，占地33.57万平方米。一条平坦大道直通庙门，路两侧整齐排列着几十尊狮身羊头石像。第二殿和第三殿之间以柱廊相连，那就是埃及电影经常出现的举世瞩目的柱厅。134根圆柱耸入云天，各高14米至24米。中间最大的12根柱，粗需5人合抱，遍体精美浮雕。每根柱顶的花瓣盘能站立100人。相传这个"连柱厅"是拉美西斯一世在公元前1320年建造的。

综观世界已经发现的古代宗教建筑遗址，卡纳克神庙的规模无疑是最大的。它的全貌已不可能再现，但神庙一方石碑为它作了生动的描述：墙体用精细砂石砌成，然后通体贴金。路面涂银，所有门道镀上黄金。雕像均用上等的整块花岗岩、砂岩、彩石琢造。正殿有一个金、玉砌成的御座。庙前竖立一排纯金铸成的旗杆。人工河引来尼罗河的水，环庙而流。

每当太阳升起，神庙的光芒如同太阳一样灿烂。在卡纳克神庙以南1000米，有一座较小的卢克索神庙，也是亏了沙子的掩埋才保存下来的。此庙建于公元前12世纪，100多年前被发掘出来，人们花了两年工夫才使它重见天日。

"国王谷"的王陵墓群

西岸"国王谷"峰峰相连，悬崖相对。从第十八王朝开国国王为自己建造第一座陵墓开始，历经500多年，组成世界上少有的王陵群。墓穴依山开凿，高低错落，布满崖坡。已发现国王墓62座，据史载还应该有11座。墓道中常见这样的文字："你死之后，必将复生，灵不离躯体。你在人世所为，犹如一场梦。"

　　帝王们正是为了这些，将其坟墓建得极其豪华、神秘和隐蔽。墓成之日，即将建陵匠人悉数处死。唯其愈诡秘，越能激发冒险家的贪欲。千百年来，盗墓活动从未停止过，"国王谷"珍宝散失殆尽。幸运的是，1911年发掘到一座从未被人触动过的陵墓，取出国王完好如初的尸体和数不尽的金银财宝。从出土至运往开罗博物馆，整整花了9年时间，那财宝该有多少啊？

　　而这位图但卡芒国王，不过是名毫无作为的傀儡皇帝，20岁便夭折的末代君王，用的竟是黄金棺木、黄金面具、黄金宝座，还有殉葬财宝2000多件。那么，有功有势的国王，墓中宝物不是更多吗？但由于盗墓者长期的窃取，现在开罗博物馆收藏的王陵文物，不过是"国王谷"财宝沧海之一粟罢了。

　　除去帝王陵外，还有后妃区、大臣贵族区的墓葬群，数来也有四五百座之多。它的规模没有王陵大，不似王陵那样阴森僵死，更接近凡人的生活。墓室里的壁画充满了生活乐趣，表现了当年吃、喝、玩、乐、舞蹈、谈情说爱、家庭生活和山川田野的情景。西岸唯一的一座大神庙名叫哈脱舍普苏庙。它的样式独一无二，紧靠底比斯山冈，分为3层，极为雄伟。

我还想知道

　　大殿浮雕中有女王出师远征的情景。女王穿男人服装，戴法老假胡须。这一切都是为了论证哈脱舍普苏女王的合法性。她费尽心机，取得王位，前后执政21年，是埃及古历史上唯一的女王。

四千年前的漂亮城市

规模宏大的砖城

当莫亨朱达罗城掩埋在泥沙、荆棘中的时候，人们以为它是无足轻重的坟地。一旦清去覆盖物，还其本来面目后，人们惊讶得说不出话来了。难道4000年前能有这么漂亮的城市吗？

莫亨朱达罗的顶部建筑早已荡然无存，但城基、房基保存完好；街道、水沟历历可辨。遗址总面积7.68平方千米，估计当时有人口约3.5万人。

从遗址可以看出当时的建筑是经过一番设计的。整个城市呈长方形棋盘状，全城分上城和下城。其中，上城是统治者聚居地，建在城堡上。下城是平民百姓的生活所在地，分布有商业区和住宅区，是城市的主体。

城市街道分南北两条街，东西交叉。城内有高塔、宫殿和大厅，这是供领导者阶层所用。城市周围有相应的建筑物。一些房

屋内有浴室、水井和容量不
小的粮食仓库，还有通
风口，城市墙壁用烧
砖砌成。这些都表明
了当时城市的繁荣景
象。

城市主街呈南北
和东西十字交叉，宽9.15
米。每一棋盘格是一个街区，
约长366米，宽275米，其间平房、楼屋罗列，庭园错落，小巷穿
插。墙壁都用烧砖砌成，以灰泥粘合。

上城是建在9.15米高的人造平台上的城堡，城内有1座高
塔，一个带走廊的宫殿，一座有柱子的大厅。还有一个举世闻名
的莫亨朱达罗大浴他，面积1063平方米；室内一口浴池长12米，
宽7米，深2.5米，用砖砌成，密不漏水。浴池周围有排水沟、水
井和相应的建筑物。考古学家认为浴室可能是举行宗教仪式用
的。

从出土的文物中，人们可以看到用铜、银制作的武器、塑
像、首饰。红色陶器饰着色彩鲜明的圆周围案。浅浮雕的金属印
章，上面刻着牛、象、虎、鳄鱼、鹿、山羊和象形文字；奇异的
陶俑再现了当时的社会生活，一尊"教王"的塑像，头系发带，
面蓄胡须；一个全身赤裸的舞女塑像，佩项链，戴手环，叉腰翘
首，俨然不可侵犯。

突然中断的文明

如果现代人能够破译莫亨朱达罗出土文物上的象形文字，它的千古秘密便可大白于天下。可惜，没有人能够猜出它的含意，只能对古城的兴亡作一些模棱两可的分析。

有些学者推想，一些部落居民为了建立更理想的家园，5000年以前从现在的俾路支东迁，跨越沙漠，来到印度河西岸平原定居，从此出现了印度河流域文明。

肥沃的土地、丰足的水源，产生了发达的灌溉农业，派生了植棉织布业，养羊剪毛纺织业。有了专业分工的工匠和商人，才有可能形成这么大的城市。

据说当时的印度棉花远近闻名，巴比伦人把棉花叫作信杜，希腊人叫作信顿，都跟今日的信德一音相近，可以作为植棉业鼻祖的佐证。

莫亨朱达罗的文明消失之谜

莫亨朱达罗的文明大约维持了1000年，即公元前2500年至前1500年，历史学家称其为青铜器时代。它的衰落和消失，历来持自然灾害和人为破坏两种看法，但以前者较有说服力。

大约在公元前1700年前后，地球上曾经存在一个地震活跃期，许多城市都在这个时候毁灭了。莫亨朱达罗被大地震毁坏后，继之暴雨成灾，印度河泛滥，蚊蚋成群，瘟疫流行，残城彻底摧毁，土地不能耕作。

莫亨朱达罗的幸存者既然养不活自己，哪有余力重建城市？于是背井离乡，四散逃荒，到别处去另建家园了。

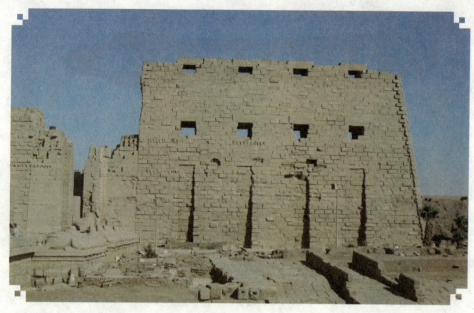

另一种说法是，莫亨朱达罗发生内乱，自相残杀，互相削弱，逐渐衰败下去，让外族有了可乘之机，在一次大规模的入侵中被摧毁了。但是，入侵者是谁呢？

遗址自1922年发掘以来，引起各国历史学家的注意；联合国教科文组织也组织专家进行考察，一致公认它是全世界已发现的最古老的城市遗址之一。

但这里遭受洪水和盐碱的侵蚀，整个遗址岌岌可危，必须立即采取有效措施，才能避免不可挽回的损失。

莫亨朱达罗城遗址是巴基斯坦东南部著名古城遗址。在信德省拉尔卡纳南24千米的印度河右岸。19世纪20年代发掘出公元前2500年至公元前1500年青铜器时期的"印度河谷文明"遗迹。

我还想知道

原始人绘身和文身之谜

三千年坟墓男尸有文身

1949年，苏联考古学家鲁登科掘开一座大约公元前60年建造的坟墓，墓穴中有一具女尸和一具男尸。这个男人生时身上文上了好些图形，像现在文身一样，这女人生前可能是他的妻子。

这个墓穴是在西伯利亚西部接近蒙古边境阿尔泰山脉大草原上发现的。考古学家到这地区来研究，共发现5个大墓穴和9个小墓穴，而埋了一男一女的就是其中一个。由于自然界的奇妙作用，这对夫妇的尸体以及一大批陪葬物品，包括袜子、鞋子、瓶子、地毯和木桌等，大致都保持原状，没有腐烂，就是那些通常极易腐烂的物品也保存完好。

坟墓中最重要的发现就是那具男尸，这位男死者生前身高1.76米，体格健壮。死者头部正面曾经修剃，并剥去头皮。从腿骨微弯来看，鲁登科推断死者长年骑马，就像游牧民族的首领一样。

最令人感兴趣的是尸体上的文身。死者手臂、大腿和躯干大部分地方都有文身。那些图案多为神话怪兽，奇形怪状，令人恐怖：身体像蛇的鹰头狮子、长着猫尾和翅膀的动物和长了鹰嘴有角的鹿。

绘身和文身如何理解

所谓绘身，是指用某种方法把各种色彩的颜料涂抹在人的身体上，但它的保留时间有限，很容易从身上洗去，要想使之具有长期性，就必须采用文身的办法。

所谓文身，是指人为地给

皮肤造成创面留下伤痕，或者在被刺过的皮肤上涂抹染料使色素经久不褪地保留下来。前者称为瘢文，后者称为黥文。在世界各地的原始部落中，这种瘢文和黥文经常与绘身交替使用。

考古学家和人类学家们指出，绘身和文身的习俗最迟出现在数万年前的旧石器时代。发展至今天，更成为一种十分独特的原始艺术。人们从中可以窥见原始人的某些宗教信仰和社会风俗。原始人将绘身和文身看作一件非常重大而神圣的事，并且它们也是现代人了解远古文明的一面生动的镜子。

原始人绘身或文身的目的

有人推测原始人绘身或文身可能是出于图腾或祖先崇拜。根据现有的人类学调查资料，在有关绘身和文身的实例中，把本部落的图腾绘制或文刺到自己身上是最为常见的情况。由于在原始人的心目中，本部族的图腾不是象征着自己的祖先，就是象征着最受崇拜的主神，因而身上绘有或纹有这些图案，就可以得到神灵的保佑和帮助。

据记载，居住在大洋洲托列斯海峡附近岛屿上的土著人都从鼻尖到前额，再沿背脊到腰际画一条线，象征着他们的图腾——儒艮。而我国古代南方崇拜龙神的民族，也总是把龙文在身上。在文身的巴布亚人中，每个部落都有自己独特的专用图案，一旦有人抄袭了其他部落的花纹，轻则引起口角纠纷，重则导致械斗甚至战争。

有人推测绘身和文身是出于某种宗教或巫术的目的。不同的图案有不同的意义，如澳大利亚的土著人在出发打仗时全身绘红，为死者举行葬礼时全身绘白，以此求得天神的庇护。几乎所有的澳大利亚土著部落的巫师在做法时都要绘上花纹，否则会

被认为法术不灵，失去人们的信任，最后导致失败。

绘身和文身也可以反映出各人在社会中的不同地位，如巴布亚人老人用黑色绘身并加刺手臂、腿部和胸部，年轻时一般用红色绘身并黥刺面部。在日本的阿伊努人中，花纹大而直的代表社会地位较高，小而曲者则说明

社会地位较低。

　　尽管如此，不少学者还认为，原始人绘身和文身只是出于人类爱美的天性，而其他意义都是日后衍生出来的。

　　据记载，新西兰土著毛利人妇女到了成年以后都必须在下颌部，特别是嘴唇上文出一条条横线，原因是她们认为红嘴唇是很难看的，男人如果娶了红嘴唇的女人做妻子就是极大的羞辱。

　　许多研究过绘身或文身风俗的学者认为，原始时期的绘身和文身还与远古人类服装、发式以及其他各种装饰物的发展演变有十分紧密的联系，人类最早的服装很可能就是绘身或文身的附属物。然而，随着服装在人类社会中的逐渐推广、服装的影响不断扩大，绘身和文身的风俗却在不断地消退。

　　我国先秦时期，黥刑就是在犯人脸上刺字。在我国古代典籍中，就曾出现文身、镂身、扎青、点青、雕青等文字，其他还有用刺青来作为警示的例子，如岳母刺字的故事。

我还想知道

地球上曾有半人半兽

史前岩画留下不解谜团

澳洲曾发现一处石器时代的岩画，上面画的是奇形怪状的生物。考古学家称它们为人和动物的杂交种，并且认为，这些岩画是古代画家的写生画。

悉尼澳大利亚博物馆研究波尔·塔孔岩画的专家和剑桥大学的人类学家克里斯托弗·奇彭代尔都认为，文明初期有过包括半人半马在内的杂种，它们完全有可能是原始人的邻居。

他们在澳大利亚和南非不仅发现了3.2万多年前的兽头人，还发现了有人头兽的岩画，并且科学家们仔细研究了人类祖先近5000幅岩画，并对其出现的频率和所画杂种的类型加以系统整理，最后得出"远古时候还确确实实有过人兽"的结论，因为原始人不可能画出他们没见过的东西。

神话中它们个个嗜酒如命

在古希腊和罗马的神话中也有不少有关人兽的情节，其中更多是提到半人半马。这种动物上半身是人，下半身是马或别的像牛、驴、绵羊、山羊等动物。

根据古希腊传说，半人半马是从希腊山下来的，它们在山上同当地居民的关系很紧张。因为半人半马一个个嗜酒如命，因而极易动怒，曾不止一次跟人类发生过冲突。

有关牧人是祸端的传说

有人问神话学专家、历史学副博士亚历山大·古里耶夫：人兽到底是从何而来？

古里耶夫的回答：在古时候，不少民族都相信他们是动物的后裔。比如说，古代有西域人认定猴子是他们的祖先，印度半岛有些人认定他们的祖先是马，东南亚有些国家则认为狗是自己的祖先。

还有一些非常怪异的传说。比如说，有一则古希腊神话就说，由众神与人的主宰宙斯变成的蛇勾引了马其顿国王的女儿奥林比亚，结果生下未来伟大的征服者马其顿王亚历山大。

还有这么一个故事，说希腊科学家塔列斯曾劝说他的主子柏立安德，要他别把马群交给那些未婚的牧人去放牧，免得产下一些半人半马。罗马讽刺诗人尤维纳利斯曾有过这样的记述，说罗马女人经常勾引动物。

的确曾有一些有趣的关于半人半兽的不良记录流传民间。有一些像巴拉赛尔苏斯和卡尔达诺这样严肃的科学家，还有16世纪意大利著名外科医生里择吉，他们有好几次曾记录下野兽产下人孩的事例，其中就有马、大象、狗，甚至有狮子。当然这仅仅是故事。科学家并不把这当回事。

人畜杂交有没有可能

有人问亚历山大·古里耶夫：人畜杂交的事有可能吗？

科学家回答：过去科学界是坚决否定这种可能，但近来有一些严肃的专业出版物开始刊登一些有关遗传学家的实验报告，说他们在试管中已成功培育出所谓的嵌合体，即一部分是人细胞，一部分是野兽细胞，像老鼠、羊和猴子细胞的胚胎……

在遗传学家看来，人类同这些动物相差不大，也就几个百分点。他相信虽然很少，但总有自生突变现象发生。谁也不敢说人类有史以来时时都有这种突变，因为科学家从未进行过普遍的基因分析。

医学文献中还可以找到不少生下"人兽"的例子。。

当然，种种猜测都是没有直接证据的，不过给人们提供了一个茶余饭后的话题而已，当不得真。

赫迈拉是希腊传说中拥有狮头、羊身、蛇尾的吐火怪兽，赫迈拉是生物学上非常常用的一个术语，也是在生物界非常普遍的自然现象，一般意译成"嵌合体"。

我还想知道

史前文明研究 shiqianwenmingyanji

史前文明破译

　　通过研究破译，人们陆续掌握了利莫里亚文明、克里特文明、迈锡尼文明、赫梯文明等史前文明的线索，但这还远远不够，地球上还有更多的史前文明遗迹等着我们去破译、去研究。

失落的利莫里亚文明

利莫里亚是传说还是事实

传说中失落的利莫里亚文明是一个几乎与亚特兰蒂斯相齐名、与之共存甚至出现更早的远古文明。据考证利莫里亚存在于南太平洋，在北美洲与亚洲、澳洲之间。

在文明的顶峰时期，利莫里亚人精神文明高度发展。也许具体的大陆遗迹很难寻找，许多人明白他们和这块大陆有着深刻的渊源。

传说利莫里亚人能够冶炼高纯度的金属；能够不受距离和障碍物限制进行通讯联系，他们掌握的通讯手段甚至比无线电通讯

112

还要先进。因而人们把这个神秘国家当作人类的起源地。然而利莫里亚这个国家是否真实存在呢？

19世纪中期，有些生物学家根据马达加斯加和印度尼西亚的狐猴种群分布情况，认为在这两者之间存在过一个大陆，并且把这个大陆命名为利莫里亚，认为它就是80万年前沉入印度洋底的那个神秘国家。

许多专家学者为这个学说感到欢欣鼓舞，因为他们原本就相信利莫里亚真的存在。然而有些人认为仅靠狐猴种群分布就断定利莫里亚的存在未免太轻率了。按历史发展常识，很难想象几十万年前会出现如此高度文明的国家。

寻找利莫里亚存在的证据

科学家列举印度洋群岛大量古代遗迹和民间传说，力证利莫里亚大陆的确存在过。比如柏那贝岛上有一处巨大的遗迹，叫作南玛多尔，它是由98座人工岛及其他建筑物组成。

科学家认为南玛多尔遗迹所表现出的文明和利莫里亚很相近，因为组成南玛多尔的每个小岛均有用玄武岩建造的城壁、正宫、神殿和住宅，岛与岛之间还有运河相连，显示出过去的南玛多尔应是像现在威尼斯那样的水上城市，并且可以想象出当时的南玛多尔很繁荣。

更令人信服的证据还有土亚摩土群岛上与玛雅金字塔极为相似的祭坛、塔普岛上奇妙的石门、迪安尼岛上的石柱、雅布岛上巨大的石币和努克喜巴岛石像等，所有这些都代表着一种古老的文明，而且这些小岛都有着明显的相似点，都有关于大陆沉沦的传说。既然与利莫里亚相距不远的小岛都出现了高度发展的文明迹象，因而一大部分科学家执着地相信，利莫里亚确实存在，并且同样有着相当程度的文明。

若利莫里亚哪里去了

若利莫里亚确实存在，那它为什么会在距今80万年前突然消失了呢？

科学家认为，它可能是被同时袭来的几次大灾难毁灭的。当时降临的灾难可能是覆盖地球大片陆地的冰雪融化了，形成了特大洪水，使得大洪水把陆地冲走了。与此同时，大洪水又带来了大地震。恰巧这时候，又有一颗小行星不偏不倚地撞到利莫里亚上。这一连串致命的打击加在一起就把利莫里亚彻底毁灭了。

1926年，詹姆斯·邱奇尔德，一个住在印度的英国人，在《神奇的穆符号》一书中描述了利莫里亚沉没的情况，尽管文中描述多半可能是出于作者的想象，但仍然引起了后辈专家学者的浓厚兴趣。书中如此描述："整个陆块就像海洋里的波浪一般震动翻滚着。继而，像打了个晴天霹雳一样，整个陆块就沉下去了。下沉，下沉，下沉，它沉到了地狱——熔岩中。幸存者来到了没有沉没的岛屿上，没有食物，没有衣服，他们需要为生存而斗争。但是，没有大陆的支持，小岛很快就消失了。"

利莫里亚就这样消失了，沉没到了印度洋底。如果是这样，探险家就可以在印度洋底发现利莫里亚曾存在的蛛丝马迹，然而到目前为止，令人信服的发现屈指可数。是探险家没有发现呢，还是沉没之际，利莫里亚人及时躲了起来？如果是躲起来，又会躲在哪里呢？

20世纪以来，有一些科学家认为，利莫里亚所在地尽管沉没到印度洋底，但利莫里亚人并没有毁灭，而是存活下来了，目前正居住在沙斯塔山上，而且是山里面的地下隧道。

此种说法令人匪夷所思，难道利莫里亚人是遁地一族，可以生活在地底下。而沙斯塔山是一座死火山，位于美国加利福尼亚州北部，海拔4316米，呈圆锥形，山顶部终年积雪，有冰川。这究竟又是怎么回事呢？

我还想知道

依据太平洋一些岛屿的传说故事，利莫里亚文明是在太平洋上类似"伊甸园"的热带岛屿。岛上生活着许多美丽的动物，数千年以前，它带着未解之谜沉入印度洋海底。

复活节岛文明之谜

巨石文明

复活节岛文明是一种史前文明。简易论对史前文明的划分，根据石器的特点，将巨石文明全部列入史前文明当中。

复活节岛文明是一种巨石文明。复活节岛位于东南太平洋海上，是世界上与世隔绝的岛屿之一，西距波利尼西亚地区皮特肯岛1900千米，东距智利西岸3540千米，面积近百平方千米。

复活岛上的奇迹

岛上居民属于波利尼西亚人。岛上耸立着1000座以上的巨大石雕像以及大石城遗迹，它们背靠大海，面对陆地。复活节岛上还有大石台遗迹，朝陆地方向有露天庭院，建筑巧妙。每个石像形态不同，大小也不一样。

塔海，维纳普和阿纳克纳的大石台，碳定年法测定约在700年至800年，阿纳克纳石台的墙在1987年挖掘出以前，一直埋在地下。有一个雕像裸露着肋骨，具备南美洲蒂瓦纳

库的各种特点。碳－14测定在1050年至1680年，大石台内建造了墓室。大石像约10米高，由重约8.2万千克的一块石头雕成，最高的一尊有22米，重30万多千克。

在岛上，人们发现了许多丢弃的用钝了的石器工具。岛上的波利尼西亚人并不了解这些石像的来历，他们的祖先也没有告诉子孙后代这些石像是谁雕刻的。传统考古学认为，居民是在大约400年漂流至复活节岛的一批波利尼西亚人的后代。

岛上人的生活

鱼类是波利尼西亚人的主要食物，鱼骨头一般会占垃圾的90%以上。从900年至1300年，鱼骨头在垃圾中的含量少于1/4，1/3是海豚骨头。在古代垃圾中还发现了至少6种陆地鸟类的骨头。此外，垃圾中还有一些海豹骨头。复活节岛上没有大型的动物，连家养的猪和狗也没有。

复活岛的发现

1722年4月5日，荷兰航海家雅克布•罗格宾发现的这个

岛，因为那天正好是复活节，所以就把它叫成了复活节岛。罗格宾登上南太平洋上的这个小岛，让他万分惊讶的是岛上那整整397座背朝大海的巨大石刻人像。

不管岛民用何种方式竖起这些雕像，他们都得用绳索，可罗格宾却发现，这座小岛是一块不毛之地，岛上没有一棵树，只有一些灌木和杂草，根本就没有做绳索所需要的木料和坚韧树皮。如果是从外边运过来的，似乎也不可能，因为离它最近的陆地皮特凯恩岛，距离也在是2000千米以外。这不仅让罗格宾困惑不已，也让后来到过复活节岛的所有人感到不可思议。

令人不寒而栗的谜底

巨大石像就像谜一样吸引着越来越多的人前往一探究竟。原来，在10世纪左右，一批波利尼西亚移民乘着木筏来到复活节岛定居。此后，小岛上的人口逐渐增多，最多时达到上万人。

这些人分成12个氏族，把小岛划分为12块，这些氏族都有自己的酋长，各自有不同的阶层。起初，这些氏族还能和平相处，直至有一天，酋长们决定以令人敬畏的石刻雕像来荣耀自己，小岛开始走向毁灭。

其实，复活节岛上原来是有树木的。科学家通过孢粉测试证明，复活节岛上曾有过高20多米、直径1米的智利酒松。

然而，为了建造大石像，岛上的森林遭到灭顶之灾。因为要用巨大的木材作为辅助，巨石才能被搬动。酋长们竞逐谁的石像更巨大更壮观，就要砍伐树木当搬运、吊装的工具，同时还要伐林造田以养活大量劳动力。于是，几百年间，岛上的石像一代比一代高大，砍伐树木的速度也越来越快。终于，高大的智利酒松在1440年左右绝迹了，而到了1640年前后，岛上已经见不到树林了。

文明的灭绝

没有了巨木，人们也就无法造船，也就无法渔猎。但是人总要吃东西，于是只好把同胞作为食物来源，最惨烈的事情发生了。至今，岛民的口口相传的传说中仍充斥着人吃人的故事。

考古的发现也证明了传说的真实性：在复活节岛后期废弃物堆遗址中，人类骨骸随处可见，而有些骨头被敲碎了，这是为了便于吸取骨髓。在世界各个已经灭绝的古代文明中，复活节岛文明的灭绝或许是最为触目惊心的。

据航海家雅克布·罗格宾等的回忆录介绍，当他们登上复活节岛时，曾在石人像附近发现大量刻满奇异象形文字的木板。这种象形文字的确非常奇怪，它不同于我国古代的象形文字。

子虚乌有的古希腊文明

古希腊文明时期

古希腊文明，主要是指在公元前8世纪至公元前323年间，被称为希腊人的人们"创造"的文明。此前的几个世纪，称为荷马时期，又称"英雄时期"；此后数百年，甚至整个古罗马，据说是希腊文明传遍世界、影响世界的时期，故称之为"希腊化"时期。专家们说到古希腊文明，往往包含"希腊化"时期。

希腊人主要生活在爱琴海两岸的诸"半岛"或者岛屿上，分成大大小小若干个独立的"城邦"，从来不是一个统一的国家。他们没有国家概念，更谈不上国家意识。

这些"城邦"是一个村庄或几个村庄的联合体，人口一般有万八千的。大家或农耕或渔猎或商贸，多以农业为主。为了利益，相互间的战争从来没有间断过。

发现浮雕大理石

1954年8月，格鲁吉亚阿布哈兹自治共和国首都苏呼米疗养院的一位工作人员，在黑海岸边的浅水口中发现了一块浅灰色带斑点的大理石，长约1.5米，宽0.5米左右，其中一个角已被折断。

这不是一块普通的大理石，而是一块雕刻精美的浮雕。上面的图案是一个年轻妇女端坐在安乐椅中，身边躬身站着一个小男孩和一个手拿小匣的女仆。画面雕刻手法细腻，构图严谨。人物面部沉思的表情带给观看者一种文静、忧郁的感觉。

科学家发现，这块浮雕与俄罗斯的约翰大教堂里面珍藏的许多珍贵的希腊墓碑有很多共同特征，无论从人物造型、画面结构以及笔法等都惊人的相似。科学工作者从而推断这是一块公元前

5世纪古希腊人的墓碑。科学家不禁要问：难道在黑海沿岸的苏呼米也有古希腊城池的遗址？

发现古罗马城市

经过一番努力，1956年奇迹终于发生了，学者们发现了一座大部陷于海底的1世纪的古罗马城市。

考古工作者潜入苏呼米湾海底。在那里，一座巨大的雄伟的城市废墟展现在人们面前。这座正方形的城市广场海岸是由一条用鹅卵石和石灰砖石铺砌的街道相连接的。广场四周还有高大的城墙遗址。

在海底还发现了许多黑漆陶器碎片，数不清的葡萄核，一个大石臼，一个手摇磨的磨盘。而在下一层中则发现了古代双耳瓶、瓦罐、古希腊的尖底大缸以及茶炊具等碎片。这些物品上均有"狄奥斯库里亚"的标记。这就是人们寻找多年的罗马和拜占庭的狄奥斯库里亚和谢巴斯托波利斯最灿烂的古希腊文明的重要组成部分。

海底两座灿烂古城是哪里

远在公元前600年左右，一个名叫狄奥斯库里亚的城市由希腊人在黑海东岸建立起来。在当时，这里是希腊人一个巨大的商业中心，极为昌盛。后来在大自然的浩劫中变为一片废墟。

大约公元前6世纪，罗马人又在这里重新建了谢巴斯托波利斯城。该城雄伟的城墙、各种先进的防御设施，堪称黑海边的第一大城。可是令众人感到遗憾的是，从此以后这座城市的历史中断了，史书上再也没有提到这个城市，直至2000多年后，人们才在海底重新发现这两座灿烂的文明古城。

随着研究一步步地深入，研究者描绘出了黑海沿岸古城毁灭时的情景。古代一批勇敢的航海家历尽千难万险乘船横越黑海在美丽的海岸定居下来，成为这里最早的移民。他们在这里建造房屋、仓库，还修建了城堡、城墙和高塔，使这里发展成一定规模的城市，发展了自己的文明，并且成为生活在该地区北部及近处各民族人民的共同贸易中心。

可是他们在建造城市时忽略了脚下土地的稳定性，海水逐渐逼过来，不断冲蚀着土壤，而他们拯救自己的措施也是在把自己推向大海。城市居民为了阻挡海水的侵蚀，于是建了护岸墙和其他的一些保护性建筑。

于是水分便渗入地下，下垫层遭到浸蚀，土地变得越来越沉重了。膨胀了的土块的重量大大超过暂时维持它们平衡的摩擦力，整个城市的土层开始滑动起来。城市的街区渐渐滑向海内，街道向下塌陷，海水渗入了住宅。陡峭的海岸塌向了海内，住宅、宫殿的石砌山墙倒塌了，城市一步步滑向大海的中心，从此沉睡了两千年。

由于被海岸冲积土层层覆盖着，在沙砾之下还有许多古人创造的灿烂文明还没能重现昔日辉煌。

古希腊沉船之谜

在希腊政府的协助下，一批专业潜水员在希腊附近的海底打捞起了一艘沉没的古船。为了保存船上物品的完整，他们的打捞工作一直持续了9个月。这些物品被雅典国家考古博物馆精心收藏。经考古学家鉴定，它们均出自古希腊时期。可就在这批古物里，人们发现了一个鹤立鸡群的东西，那是一个差动齿轮机械装置。让人疑惑的是，它所显示的机械工艺之精良，绝对可以跟现代技艺相媲美。古人制作它做什么用？又是谁制造了它？

　　开始很多人都难以相信这是古希腊时代的机械装置，他们普遍认为那个时候还不具备这么高的机械制造水平，但还是有一部分人在执著地推测着它在古希腊时代的用途。

　　有人说它是航海时指示方位的仪器，也有人认为它是阿基米德制作出来的一个小型天象仪，它的目的是用来计算日月星辰的运行。人们的惊叹之声并未就此停止。古希腊时代的机械水平真有如此高超精致吗？毕竟我们还没能发现其他同时代的机械装置出土，要想承认这个装置是现代机械技艺的鼻祖，看来还需要等待一些时日。

我还想知道

　　公元前2000年前后，爱琴文明发祥于克里特岛，后来文明中心古希腊移至希腊半岛，出现迈锡尼文明。克里特岛文明与迈锡尼文明合称爱琴文明，历时约800年，它是古代希腊文明的开端。

爱琴海的迈锡尼文明

文明的出现

爱琴海文明是希腊及爱琴地区史前文明的总称。它曾被称为"迈锡尼文明"，因为这一文明的存在，被海因里希·施里曼对迈锡尼始于1876年的发掘而进入人们的视野。

然而，后续的发现证明迈锡尼在爱琴文明的早期并不占中心的地位，因而后来更多地使用更为一般的地理名称来命名这个文明。

迈锡尼文明是希腊青铜时代晚期的文明，它由伯罗奔尼撒半岛的迈锡尼城而得名。

约公元前2000年，希腊人开始在巴尔干半岛南端定居。从公元前16世纪上半叶起逐渐形成一些奴隶占有制国家，出现了迈锡尼文明。

起源和持续

存在了至少3000多年的爱琴文明在多大程度上可以被认为是持续的？考古发掘提供了许多证据以回答这一问题。爱琴文明的最早可以追溯到漫长的原始新石器时代。这一时期的代表为克诺索斯将近6米厚的地层中包含的石器以及手工制作打磨的器皿的碎片。它显示了从底层到顶端持续的技术发展。

这一米诺斯文明层可能比希沙立克的最底层年代更早。它的结束标志为对陶器上白色充填的锯齿状装饰的引进，还发现了以

126

其单色颜料对其主题的复制品。在这一阶段结束后，紧接着的是青铜时代的开端，以及米诺斯文明的第一阶段。

因此，对于分层的仔细观察可以辨认出另外8个阶段。每一个阶段都标志有陶器风格的重要进步。这些阶段占据了整个青铜时代，而后者的终结，标志为铁这一更为先进的材料的引入，也宣告了爱琴时代的落幕。

约前1000年，铁在全爱琴范围内获得使用。这种材料或是一批北方的入侵者赖以成功的手段，他们在早期定居点的废墟上建立起了自己的统治。同时，对于新石器时代之后的9个克诺索斯时期，我们可以贯穿其中观察到一种非常鲜明的、有序而持久的陶瓷艺术的全方位的发展。

从一个阶段迈向另一个阶段，装饰的组织、形式以及内容逐渐发展。因而直至这2000多年之久的演化末期，原初的影响仍然清晰可辨，这一涓涓细流没有丝毫被打乱的迹象。这个事实可以进一步说明整个文明一直在其基础和本质上沿承着自己的脉络。

虽然在其他艺术种类的遗存中，这一论断的例证不够丰富，壁画艺术起码在晚期显示了同样有序的发展；而对于宗教，我们至少可以说没有突变的迹象，从统一的自然崇拜通过各个正常的阶段直至晚期发展出拟人神。没有迹象表明有传入的神祇或宗教理念。

爱琴海文明是土生的文明，深深植根于这片土壤，顽强地在整个新石器时代以及青铜时代延续和成长。

然而有少量证据表现出一些变化，例如外来的小型部落的入侵，他们接受了文化上更占优势的被征服者的文明而融入了后者。克诺索斯王宫的多次重建则提供了可信的证据。

在爱琴海北部地区迈锡尼、梯林斯以及希沙立克的宫殿中所发现的"正殿"布置可以说明它们是晚期的作品，因为没有一个显示出类似克里特的那种独有的设计。

科学家认为爱琴文明的结束时间较难确定，直至公元前1000年左右爱琴地区才使用铁来制造武器，可能与古典时期希腊人记忆中的多里安人入侵相吻合。这场入侵没有立即将爱琴海文明扫除。

我还想知道

哈梯人的赫梯文明

赫梯文明的基本情况

赫梯文明发源于小亚细亚东部的高原山区、哈利斯河（今名克泽尔河）上游一带。这里的原始居民称为哈梯人，他们既非闪米特人，也与古代其他民族没有什么关系。

约公元前2000年，一支属于印欧人的涅西特人迁入此地，与当地的哈梯人逐渐同化，形成了赫梯人，他们说的赫梯语的主要成分是涅西特语。

赫梯国的兴衰

赫梯国大约形成于公元前19世纪中叶，初为小国，后以波加科斯为中心形成联盟，渐趋统一。公元前16世纪初，赫梯军队攻

130

陷巴比伦城。公元前16世纪后半叶，赫梯国王铁列平进行了改革，他确立了王位继承法，即长子优先，无长子归次子，无子归女婿。改革使赫梯的王权得到巩固，国势日盛。

公元前15世纪末至公元前13世纪中期，是赫梯最强盛的时期。此间，赫梯人摧毁了由胡里特人建立的米坦尼王国，并趁埃及埃赫那吞改革之机，夺取埃及的领地，与埃及争霸。于公元前1283年签订和约。与埃及的争霸使赫梯元气大伤。

公元前13世纪末，"海上民族"席卷了东部地中海地区，赫梯被肢解。公元前8世纪，残存的赫梯王国被亚述所灭。在这片土地上，罗马人曾建立过殖民地。在罗马人之前，希腊与波斯军队曾在此地兵戎相向。

经济与社会生活

早期赫梯国家的生产力虽属青铜时代，但赫梯是西亚地区最早发明冶铁术和使用铁器的国家。赫梯的铁兵器曾使埃及等国家胆寒。亚述人的冶铁术就是从赫梯人那里学来的。赫梯王把铁视为专利，不许外传，以至贵如黄金，其价格竟是黄铜的60倍。

赫梯以农业为主，工业除冶金之外，还有陶器制造、纺织等工业部门。商业贸易也算繁荣，与埃及、腓尼基、塞浦路斯、爱琴海诸岛都有往来。

赫梯的文化

赫梯人的文学作品主要是神话，包括根据古代苏美尔人的创世和洪水传说改编而成的作品。赫梯的宗教也照搬美索不达米亚的多神崇拜，宗教活动包括占卜、献祭、斋戒和祈祷，而不具备伦理意义。

赫梯以楔形文字记述自己印欧语系的语言，创造了赫梯楔形文。赫梯还另有一套象形文字，用于铭刻和印章，这可能是受哈梯人原始图画文字和埃及象形文字的影响。赫梯人最突出的文化成就当属法律体系，以《赫梯法典》为代表的赫梯人法律，要比古巴比伦的法律更人道，判处死刑的罪过不多，更没有亚述人法律中那些诸如剥皮、宫刑、钉木桩等酷刑。

赫梯人的艺术才能不十分出色。但他们的雕塑作品则新颖生动，尤其是石壁上的浮雕作品。城门和王宫门旁，一般都雕有巨大而生动的石狮。他们的建筑材料多用巨石，明显优于两河流域的土坯。赫梯文明的历史成就不仅仅在于发现和使用了铁，而且在于它充当了两河流域同西亚西部地区文化交流的中介。

　　赫梯是一个伟大的民族。赫梯文明是埃及文明、两河流域文明和爱琴海地区诸文明之间的主要链环之一。目前史书记载的关于安纳托利亚的历史，几乎都与赫梯人有关。

　　但是，直至19世纪后半叶，赫梯人的历史虽然在各地的考古发现中得到浮雕、象形文字、契形泥版文书和其他雕刻品的佐证，却仍然难以得到突破，始终不知道它的确切位置。

　　卡迭石战役是公元前1298年春，古埃及法老拉美西斯二世率领3500辆战车和近4万名战士，与赫梯国王穆瓦塔尔争取赫梯在叙利亚的主要基地和军事要塞"泰勒奈比曼德"而进行的会战。

我还想知道

失踪的哈扎尔文明

哈扎尔国简介

哈扎尔国位于伊季尔河畔，格尔甘河的尽头。河畔居住着众多的部族，有些人住在乡村，有些人住在有着坚固城墙的城市里。国王约瑟夫住在一个三角洲地区。

哈扎尔国有3座城市。其中一座是国王约瑟夫诞生的城市，皇后就住在那里。另一座城市里住着犹太人、基督徒和西班牙人，还有国王居住的椭圆形的城堡，这里还住着国王的大臣、仆人，以及大量的平民。哈扎尔降雨量并不充沛，但大地上河流纵横，到处都有泉水，土壤肥沃，物产丰饶，田地、葡萄园、花园随处可见。

以上是迄今为止人们发现的哈扎尔人讲述自己国家历史的唯一资料。而这份资料来自哈扎尔国王约瑟夫写给一位名叫哈桑·沙福鲁特的阿拉伯大臣的信。

揭秘真相

历史学家们一直怀疑这封信的真实性，直至20世纪人们在开罗发现了收信人哈桑·沙福鲁特写的一封信，这种怀疑才被打消。在信中，哈桑请求拜占庭皇帝给他一艘船，让他前往哈扎尔。当时，拜占庭正与哈扎尔交战。有人从拜占庭首都康士坦丁堡给这位大臣回信说，从康士坦丁堡到哈扎尔王国约有15天的路程，从陆路须经许多国家，并告诉他哈扎尔国王姓约瑟夫。

哈桑接到回信后，很可能给约瑟夫国王去了封信，询问哈扎尔的位置，于是约瑟夫就给哈桑回了封介绍王国方位和情况的短信。而这也便成了研究哈扎尔国唯一确切的可供查考的资料。

此外，俄罗斯、亚美尼亚等民族的文献资料表明，哈扎尔国曾一度是非常活跃的国家，建筑宏伟，城墙坚固，绿树成荫，气候宜人。哈扎尔军事力量强大，有一支庞大的军队，曾入侵亚美尼亚人的领土。格鲁吉亚人说哈扎尔国王未能娶到格鲁吉亚大公的女儿为妻，便用武力摧毁了第比利斯城。

阿拉伯人的编年史说从多瑙河到北乌拉尔的各民族都向哈扎尔进贡，并称它是拜占庭与该国贸易的中转站。俄罗斯人长期和哈扎尔人作战，965年，经过激烈战斗，占领了哈扎尔人的首都

亿年前的文明信息　史前文明新探

伊季尔。随后又从伏尔加三角洲沿里海挥戈南下，直捣哈扎尔王国的谢缅德尔城。

哈扎尔帝国的消失

哈扎尔没有留下语言文字，也没有留下遗址，那么它究竟是一个怎样的国家呢？它又是怎样消失的呢？

一些学者推测，哈扎尔国是被里海吞没的。7世纪时，哈扎尔国拥有大片肥沃土地，哈扎尔人控制着伏尔加河航道，成为伏尔加三角洲的主人。

但从这时起，里海开始冲击海岸。年复一年，它无情地吞没了哈扎尔人的乡村、田地，至19世纪中叶，哈扎尔的城堡终于被里海吞没。许多资料都为哈扎尔的被吞没提供了佐证。

然而这里面仍有许多疑点。哈扎尔是被里海逐渐吞噬的，也就是说，其居民可有充分的迁徙机会，那么，他们迁到了何处？其后代又在哪里？另外，哈扎尔是一个幅员辽阔的国家，陆地上总该还有遗址或废墟，但迄今为止人们却未发现一点这方面的线索。

拜占庭编年史曾指出，哈扎尔国的萨凯尔位于顿河边上，处于通往伊季尔的大道上，后来被基辅大公斯维亚托斯拉夫摧毁。

后来，一位苏联考古学教授阿尔塔莫夫经过反复探索，终于找到了凯萨尔的位置，并进行了发掘。但是，他却没有发现任何哈扎尔人的文物。哈扎尔的历史就像飘逝的云，令人捉摸不定。

我还想知道

哈扎尔人是中世纪南俄草原上一个古老民族，最初信奉萨满教，过游牧生活。后来，哈扎尔人通过一系列对外扩张活动，逐渐发展成为一股强大的政治力量，最终建立起一个庞大的帝国。

神秘的苏美尔文明

苏美尔文明的历史起源

1922年至1934年，英国考古学家伍莱率领庞大的队伍对美索不达米亚南部苏美尔文明的核心聚落乌尔进行了大规模发掘，揭示了这个遗址从7000年以前的一个小村庄到逐步成为世界上最繁华的文明都市在基督降生前后被最终废弃的一幅全景画。那么，苏美尔人从何处来到美索不达米亚平原？

一个可能性是从伊朗高原的崇山峻岭中来，因为出土的苏美尔人的最早的建筑物，是按照木结构原理建造的，而木结构建筑通常只是在树木茂密的山区才被广泛采用。不过，这与苏美尔人的神话传说却发生了矛盾。

另一个相反的可能性，则是从波涛汹涌的大海上来到这大河入海的地方。可是，在苏美尔女王舒伯·亚德的陪葬品之中，却只有一金一银各长约0.6米，和只能在幼发拉底河上航行的小船模型。

苏美尔文明的政治演进

美索不达米亚文明，也叫两河文明或两河流域文明，指在两河流域间的新月沃土底格里斯河和幼发拉底河之间的美索不达米亚平原发展起来的文明，是西亚最早的文明。而苏美尔人则是这一文明的伟大创建者，他们似乎既不是印欧人的一支，也不是闪米特人的一支，他们的原籍可能是东方某地。

在公元前3500年时，苏美尔人在美索不达米亚南部开掘沟渠，依靠复杂的灌溉网，成功地利用了底格里斯河和幼发拉底河的湍急的河水，从而在美索不达米亚南部创建了第一个文明。

至公元前3000年时，苏美尔地区已出现了乌鲁克等12个独立的城市国家。各城市国家为了争雄称霸，相互征战，大大削弱了苏美尔人的力量，最后迫使他们臣服于闪米特人。

闪米特人的著名领袖萨尔贡一世建立阿卡德帝国。苏美尔文明从城邦国家过度到统一王国时期。但它的寿命短暂，历时280年。

来自伊朗的新入侵者打败了萨尔贡一世的孙子，苏美尔人的城市国家又一个个地重新出现，直至乌尔城邦崛起，再一次统一各城邦，建立起一个纯粹的苏美尔人的帝国，史称乌尔第三王朝。这一帝国从公元前2113到2006年，维持了将近一个多世纪。

苏美尔的城市文明

苏美尔文明实际是城市、城邦文明。在世界历史上最早建立城市的民族。早在公元前4300年至前3500年，苏美尔人就在两河流域内部平原上建立了不少城市。这些城市的建立，标志着两河流域南部地区氏族制度的解体和向文明时代的过渡。

公元前3500年至前3100年，两河流域由农村到城市的发展进程进一步加快了，公元前 3100至前2800年，两河流域南部已经形成了几十个城邦，也就是具了有共同血缘和地域的城市国家。

苏美尔人的语言

苏美尔人发明了一种象形文字，后来这种文字发展为楔形文字。这是最古老的已知的人类文字。今天已经发掘出来的有10多万苏美尔文章，大多数刻在黏土板上。其中包括个人和企业信件、汇款、菜谱、百科全书式的列表、法律、赞美歌、祈祷、魔术咒语、包括数学、天文学和医学内容的科普文章。

许多大建筑如大型雕塑上也刻有文字。许多文章的多个版本被保留下来了，因为它们经常被拷贝。抄写是当时的人唯一的传播文章的方法。闪族语言的人成为美索不达米亚的统治者后，苏美尔语依然是宗教和法律的语言。

难懂的苏美尔文字

即使专家也很难懂苏美尔文字，尤其是早期的苏美尔文字，因为它们经常不包含所有现代人所熟知、或通用的语法结构！幼发拉底河和底格里斯河都发源于亚洲西部的亚美尼亚高原。

公元前4000年左右，这里就有了最早的居民，那就是苏美尔人。他们创造了灿烂的苏美尔文明，最能反映这种文明特征的是他们的文字即楔形文字。

最初，这种文字是图画文字，渐渐地这种图画文字逐渐发展成苏美尔语的表意文字，把一个或几个符号组合起来，表示一个新的含义。如用"口"表示动作"说"；用代表"眼"和"水"的符号来表示"哭"等。

随着文字的推广和普及，苏美尔人干脆用一个符号表示一个声音，如"箭"和"生命"在苏美尔语中是同一个词，因此就用同一个符号"箭"来表示。后来又加了一些限定性的部首符号，如人名前加一个"倒三角形"，表示是男人的名字。这样，这种文字体系就基本完备了。

苏美尔人用削成三角形尖头的芦苇秆或骨棒、木棒当笔，在潮湿的黏土制作的泥版上写字，字形自然形成楔形，所以这种文字被称为楔形文字。

为了长久地保存泥版，需要把它晾干后再进行烧制。这种烧制的泥版文书不怕被虫蛀，也不会腐烂，经得起火烧。但美中不足的是，泥版很笨重，每块重约1000克，每看一块都要费力地搬来搬去。到现在，发掘出来的泥版，共有几百万块，最大的有2.7米长，1.95米宽，可谓是巨书。

楔形文字是苏美尔文明的独创，最能反映出苏美尔文明的特征。楔形文字对西亚许多民族语言文字的形成和发展产生了重要影响。

西亚的巴比伦、亚述、赫梯、叙利等国都曾对楔形文字略加改造，来作为自己的书写工具。甚至腓尼基人创制出的字母也有楔形文字的因素。楔形文字是世界上最早的文字，可是，由于它极为复杂，至1世纪，就完全消亡了。

苏美尔人的灭亡

历史长河进入公元前第二个千年以后，在外来敌对势力无情的打击下，乌尔王国很快处于崩溃的边缘，内部的纷争也没完没了。众所周知，和平时期文官地位高，而战争时期则武将地位高。当第三王朝的末代国王伊比辛在位时，苏美尔大将伊什比埃拉在易欣城发动叛乱，自立为王，并得到了许多其他城市的拥戴。

不久，乌尔城便被闪米特军队攻破，乌尔第三王朝灭亡了。好在伊什比埃拉不光善于策划政变，也比较会打仗，他很快将闪米特人赶出了乌尔城，此后暂时恢复了乌尔王国的旧有疆域。可惜苏美尔人天生就互不服气，互不买账，等伊什比埃拉一死，各个城市又纷纷宣告脱离易欣王朝独立，其中最强大的要数拉尔萨城邦。苏美尔人内部不团结的劣根性，给了亚述人进攻的机会。

他们于公元前1800年左右大举发动扩张战争，占领了包括尼尼微、马里在内的美索不达米亚北部和中部。

与此同时，印欧语系的赫梯人在安纳托利亚高原和叙利亚的势力越来越强，伊朗山区的几个民族也纷纷西进，好不容易复兴起来的苏美尔民族，眨眼间又处在了亡国灭种的险境。在赫梯人对美索不达米亚地区统治800年以后，闪米特人的另一支亚述人决定首先打通本土朝向地中海的道路，于是和赫梯人在勒万特北部打了起来，后来巴比伦人又乘机在亚述的后院点火，结果大大延长了苏美尔民族的寿命。

闪米特人在内战中改进了不少军事技术，比如战车车轮的结构变得更加轻便了，行动起来更加灵活，而苏美尔人在内战中却什么都没学会，这就敲响了他们最后的丧钟。

公元前1793年，闪米特一支的阿摩利人汉穆拉比大帝在巴比伦即位，美索不达米亚平原上新的统一战争开始了。

公元前1763年，最后一位苏美尔民族的君主瑞穆辛的首都拉尔萨城被巴比伦军队攻克。从此以后，苏美尔人便在历史上销声匿迹了。

历史上，苏美尔文明灭绝的原因很多。传统说法是外部以希腊和伊斯兰为代表的新兴文明征服和取代了年迈的古文明。现今生态考古学提出：过度农业开发恶化了两河流域先天不足的生态环境。

废弃的印度河文明

印度河文明是如何被引起注意的

印度河是世界上最长的河流之一。在18世纪之前，人们根本没有想到这条藏身于沙漠，人迹罕见的河流曾有过可以与古埃及相媲美的璀璨过去。而且与其他古代文明相比，完全是史无前例的。

最早引起人们注意的是18世纪哈拉巴遗址的发掘。在这里发现了大都市残址。19世纪中叶，印度考古局长康宁翰第二次到哈巴拉时，发掘出一个奇特的印章，但他认为这不过是个外来物品，只写了个简单的报告，此后50年，再也无人注意这个遗址了。

然而，1922年，一个偶然的机会使人们发现了以含哈拉巴在内的旁遮普一带为中心，东西达1600千米、南北1400千米的地域内，属于同一文明的大量遗址，即马亨佐·达摩遗迹。

这里出土的物品与哈拉巴出土的相似，人们才想起了50年前哈拉巴出土的印章。这个发现震动了考古学界，因为涵盖范围如此之大的古文明在世界上可以说是独一无二的。这就是所谓的"印度河文明"。

为何广泛挖掘马亨佐·达摩遗址

印度河文明涵盖范围之广在世界上也是独一无二的，其中最著名的是两座古城遗址，即哈拉巴和马亨佐·达摩，印度语为死亡之谷。据最保守的估计，这两座古城距今最少有5000多年，但在印度的早期神话中没有这两座古城的记载，所以更多的人认为，它们的历史也许比猜想的要久远得多。

这些遗址属于同一文明，但生活水平并不一样。这是什么原因呢？对哈拉巴出土的印度印章进行研究的结果令人失望，没有人能释读印章上的文字。文字是一个国家文明的水准，有文字的印章可能在政治、经济活动中担任重要角色。而且印章只在马亨佐·达摩和哈拉巴有出土，于是专家们推断，马亨佐达摩与哈拉巴都是都市，这就可以解释为什么处于同一文明的人生活水准不一样。当然这只是推测。

为了进一步证实马亨佐·达摩和哈拉巴的都市性质，考古学家对马亨佐·达摩进行了最广泛的发掘。

马亨佐·达摩遗址的神奇

马亨佐·达摩遗始建于5000年以前甚至更早的年代，面积约100平方千米，分西侧的城堡和东侧的广大市街区。西侧城堡建筑在高达10米的地基上，城堡内有砖砌的大谷仓和被称为大浴池的净身用建筑等，其中最令人惊讶的是谷仓的庞大，这显示了这个城市当时的富足。不过装满大谷仓的谷物是怎样征集来的呢？

市区有四通八达的街道，东西走向和南北走向的各宽10余米，市民的住房家家有井和庭院，房屋的建材是烧制过的砖块。如果不是亲眼所见，这是难以置信的，因为在其他古代文明中，砖块只用于王宫及神殿的建筑。

令人惊异的排水系统

马亨佐·达摩古城室内管道设备直至20世纪才在现代社会出现，而城市规划也是最近数十年才得到应用，然而，这一切却都能在马亨佐·达摩古城遗址找到。

　　位于印度河流域的马亨佐·达摩建于4500年前。城市建设经过事先的规划、设计，布局严整，呈长方形棋盘格状。居民住房室内有管道设备。当然，最令考古学家惊异的还是遗址保存完整的排水系统。

　　马亨佐·达摩古城遗址中，西侧的城堡内有砖砌的被称为"大浴池"的净身用建筑。"大浴池"是用质量上乘的砖砌成的，长12米，深2.4米，有多条排水道，无论按照什么标准，都是一个大型公共设施。

　　这一古老文明是如何在曲线图出现前数千年创造这一复杂的城市？所有的一切又是出自何人的规划？这些目前还没有答案。

这些城市的统治者是什么人

　　考古学家按照惯例首先在马亨佐·达摩寻找王宫和神殿，结果一无所获。这又提出一个问题：是什么人，用什么样的方法统治这块辽阔的国土？而且马亨佐·达摩和哈拉巴有着完全相同的城市建设，难道它们都是首都？

因为没有神殿，能不能用其他古文明中的例子来求证古印加、美索不达米亚、古埃及的国王同时兼任法老或祭司王中谁是统治者呢？所有遗址中确实没有发现有祭司王统治的痕迹，难道5000多年前的印度河文明已经废弃了君主制？这么大的国土不可能没有统治者。

考古学家又仔细研究第一块和以后出土的印章，但经过一个世纪的努力印章上的字还是无法读解。那么，它是否是一种权力的象征，如果是，这两个城市为什么又没有神殿和宫殿呢？

究竟是什么人创造了这个文明

因为有一小部分印章上刻有神像，于是有人推测，这可能是宗教遗物。但也有人反驳说，这完全是家族或个人的保存品，不能说明整个国家具有宗教性质，况且出土的近3万枚印章有神像的只是很小部分。

谜团越来越多。有人认为只要能够释读印章上的文字，就可以解释这个文明的来龙去脉，大多数考古学家则认为必须从多方面研究，触类旁通。

开始人们曾误以为印度河文明是受其他文明的影响发展起来的，但是进一步考古发现，无论是文字还是印章都是其他地方看不到的，而且出土人骨鉴定也表明这里的人融合了许多人种的要素，不是现在已知的某个特定民族。

那些当时在今天已经无法居住的地方建设具有如此高度文明的城市的人，如果不是印度人的先人，那又是什么人呢？

印度河文明是怎样被废弃的

从马亨佐·达摩遗址出土的人骨，都是在十分奇异的状态下死亡的，换言之，死亡的人并非埋葬在墓中。考古学家发现这些人是猝死的，在通常的古文明遗址中，除非发生过地震和火山爆发，否则不会有这么多猝死的人。

马亨佐·达摩没有发生过地震和火山爆发，人骨都是在居室内被发现的，有不少居室遗体成堆地倒着，令人惨不忍睹。最引人注目的是，死者临死前用双手盖住脸呈现出保护自己的样子。

如果不是火山爆发和地震，那是一种什么样的恐怖事件令这些人瞬间死去呢？这是一个谜。

考古学家们提出了流行病、袭击和集体自杀等假说，但均被推翻了。无论是流行病还是集体自杀，都不能解释一瞬间死去。为了解开这个谜团，印度考古学家卡哈对出土的人骨进行了详细的化学分析。

卡哈博士的报告说：我在9具白骨中发现均有高温加热的痕迹，不用说这当然不是火葬，也没有火灾的迹象。是什么异常的高温使马亨佐·达摩的居民猝死呢？

人们想起了一些科学家推断的远古时代曾在世界不少地方发生的核战争。马亨佐·达摩遗址与古代假想中的核战争有没有关系呢？

事实上，印亚大陆是史诗神话中经常传诵的古代核战争的战场。公元前3000年的大叙事诗《马哈巴拉德》记叙的战争景象中，提到的武器连现代化武器也无法比拟。更重要的是如此毛骨悚然的惨痛记忆留传至今，是非1945年广岛原子弹爆炸事件所能相提并论的。

另一首叙事诗《拉马亚那》描述了几十万大军瞬间完全被毁灭的景象。诗中有一点值得注意：大决战的场地是在被称为兰卡的城市，而兰卡正是当地人对马亨佐·达摩的称呼。

据当地人说：1947年，印巴分治后属巴基斯坦而被禁止发掘的马亨佐·达摩，有不少类似广岛核爆炸后遗留下来的玻璃建筑——托立尼提物质，即世界上第一颗原子弹在美国托立尼提沙漠中试爆，沙因高温凝固成的玻璃状物质。

答案似乎出来了，但推断毕竟是推断，要人们信服马亨佐·达摩的遗弃与核战争有关还为时过早。有人认为，印度河文明与其他文明是同时崛起并存的。是不是可以说，印度河文明发展之初，受到过外来文明的影响，但在漫长的历史长河中孕育出独特的高度文明。

还有人提出，印度河文明是多种文化融合的结果。印度河文明不仅是印度文化的源头，也是人类文明史的重要一环。相信人们最终定能揭开印度河文明之谜。

印度河流域文明发生晚于尼罗河流域文明和两河流域文明，但早于黄河流域文明。考古发掘的在印度河流域的马亨佐·达摩和哈拉巴，人口都在4万以上。马亨佐·达摩是世界上最早建立的城市。

我还想知道

图书在版编目（ＣＩＰ）数据

亿年前的文明信息：史前文明新探 / 韩德复编著
. -- 北京：现代出版社，2014.5
ISBN 978-7-5143-2664-2

Ⅰ．①亿… Ⅱ．①韩… Ⅲ．①远古文化－研究－世界
Ⅳ．①K11

中国版本图书馆CIP数据核字(2014)第072452号

亿年前的文明信息：史前文明新探

作　　者：	韩德复	
责任编辑：	王敬一	
出版发行：	现代出版社	
通讯地址：	北京市定安门外安华里504号	
邮政编码：	100011	
电　　话：	010-64267325　64245264（传真）	
网　　址：	www.1980xd.com	
电子邮箱：	xiandai@cnpitc.com.cn	
印　　刷：	汇昌印刷（天津）有限公司	
开　　本：	700mm×1000mm　1/16	
印　　张：	10	
版　　次：	2014年7月第1版　　2021年3月第3次印刷	
书　　号：	ISBN 978-7-5143-2664-2	
定　　价：	29.80元	